笑いの科学株式会社

Bible of Comedians.

夏川立也

目次

目次

1 プロローグ

「笑いは科学できるんだ」

色白で太っちょのおじさんが、そう力説している映像がある。

「笑いを科学して、理屈にして、活用することで、人生が変わるんだ」

おじさんはそう続ける。僕の記憶の中の映像だ。

彼の名前は〝エム〟。

ふと窓の外に目をやる。エアコンがフル回転しているせいか、外の音は聞こえない。室内の涼しさと外の眩しさ、室内の生活音と外の無音とのコントラストが夏の都会だ。

僕は今、東京都内に古くからあるホテルの一室にいる。〝日本の四十代経営者〟という経済誌のインタビュー取材を終えたところだ。年齢は四十九歳。正直、そんな大した会社でも経営者でもない。でも、成功した若手経営者の一人と言われると心のどこかをくすぐられている気分だ。今までお世話になったすべての人に恩返しをする意味で、僕は今日このホテルに来た。

「成功の秘訣、必殺技はズバリ何でしょうか？　ひと言でお願いします」

小一時間ほど前に定番の質問が飛んで来た。漫才師のように間髪入れず「あるわけないでしょ」

とツッコミたかったが、そうもいかない。エムと出会ってからの十九年間で、予測を裏切り、期待に応えることが僕のクセになってしまった。でも僕には、学歴もコネも素敵な方法論もない。僕に唯一あったのはエムというキッカケだ。

「強いて言うなら、キッカケを大切にすることですかね……」

僕にはそうとしか答えられなかった。しかし、キッカケは後から振り返ってみるとキッカケなわけで、人生のある瞬間にキッカケとして登場するわけではない。だから結局、僕たちにはすべての出会いを大切にすることしかできないのだと思う。


取材陣が退散すると、部屋は急に静寂に包まれた。秘書が口を開いた。

「会社には戻らず、このまま社用車でご実家にお送りします」

無言で頷く僕に、秘書は遠慮がちに尋ねる。

「……あの、何年ぶりですか？」

「十九年ぶりだな……」

そう答えると、なぜだかひとりになりたくなった。

「悪いが、少しだけ一人にしてくれるかな」

部屋の外に出ようとする秘書の背中に、僕は尋ねた。

「到着までは何時間ほどかかりそうかな？」

秘書は一瞬立ち止まって、こちらに向き直った。

「おそらく三時間程度かと思います」

「そうか。わかった」と軽く答えて、僕は窓の外を眺めた。

（幸運の女神には、前髪しかないんだよな……）

僕はそんな話を思い出して、記憶の中のエムの姿と重ね合わせた。

ドアの閉まるカチッという音を背中で聞いてから、ネクタイを緩めた。思えば、これまでに色んなことがあった。ネクタイを緩めるのとシンクロするように、堅く結束された記憶の束が緩んでいく。はるか昔の映像がパラパラとランダムに目の前にこぼれ落ちて来る。そしてそのほとんどは形になる前に粉々になる。

（三時間か……、十九年間を思い起こすにはちょうど良い時間だ）

僕はそう思った。

小さな部屋の窓を開けた。

夏の音が聞こえた。

少し遅れて、夏の暑さと匂いが勢い良く吹き込んできた。

僕は、エムと初めて会った十九年前、二〇一八年の暑い夏を思い出していた。

◆◆◆

東京のど真ん中、ここが日本の中心だと言わんばかりにそびえ建つ大きなビルの前に僕は立っていた。少し気合いを入れてから高層階用のエレベーターに乗り込む。一気に気圧が下がって、耳がくぐもって気持ちが悪い。軽く耳抜きをしてから一瞬だけ息を止めた。この日の僕には今までにないような自信があった。

受付の内線電話を手にした数分後、僕はビル群を見下ろす会議室に座っていた。

担当のシブカワさんが現れた。少し霞んだビルの絨毯を背景に、目を合わせないままゆっくりと席に着いた。スローモーションのように感じられた。

「暑いですね」

僕は、誰もが思う当たり前のことを口にした。

当時の僕は、全国規模だが中堅クラスの広告代理店の営業マン、三十歳。まだ若手の部類だ。

「ええ、まぁ……」

そう答えるシブカワさん。某大手電機メーカー、販売促進担当部署の責任者だ。ここでシブカワさんが鼻から息を大きく吸い込んだので、僕も同じように吸い込んだ。カチッ！　小さな歯車が噛み合わさる、微妙だがクリアな音が聞こえた。苦虫という虫を、僕は見たことがない。でも、噛み潰すと、きっとこんな顔になるのだろう。そう思いながら、改めてシブカワさんの顔を見る。……どれだけ苦いんだよって感想しか出てこない。やっぱこの人、顔が怖い。口の中から苦虫の悲鳴が聞こえる。


シブカワさんは、この業界ではなかなか入り込めないことで有名だ。でも一旦付き合いが始まると、無理をしてでも仕事の融通をつけてくれる人情家としても有名である。低調だった成績を改善するためにも、どうしても口説き落としたい人物ナンバーワンがこの人だ。今日のプレゼンを好転のキッカケにしたい。

今日のアポイントが決まるとすぐ、僕は自分のデスクのカレンダーの今日の日付の欄に、真っ赤な太いマジックで〝ターニングポイント〟と書き込んだ。それから数週間、できる限りの準備を重ねた。そしてしっかりと成功のイメージを持って今日を迎えた。

「明るくていい部屋ですよね」

目が合った！　人と人との目が合った瞬間、時間に一瞬の隙間が生まれる。その隙間には色んなものを差し込むことができる。しかしそれは、普段から準備している人にしかできないことでもある。そんなほんの一瞬の隙間に、僕は口角をギュッと上げる映像を差し込んだ。最近身につけた技だ。淡々と無機質に流れていた時間に弾力が生じる。このタイミングを逃さず僕は言った。

「関係のない話で恐縮なのですが、私、野球が大好きでして」

「私も大好きですよ」

（見るよりもやる方がね）

調査済みの言葉を、心の中で呟いてみる。

「趣味が合いますね」

そう口にしながら、ここで改めて握手を求めてみた。抵抗なく差し伸べられた右手は、思った以上に分厚くて、乾いていて、そして熱い手だった。そう言えばエムと出会うまで、僕の辞書に〝スキンシップ〟という言葉はなかった。それがたった数ヶ月で普通にできるのだから、人って案外簡単に変われるものだ。

エムはどうしているかなぁ……。そう思いながら、あえてエムが言いそうな冗談を言う。

「分厚い手ですね。握力、五百キロくらいありそうですね」

「ゴリラじゃありませんから」

そう返ってきた。いいツッコミだと思った。

（八十点！）

どこかからエムの声が聞こえた。シブカワさんが所属する草野球チームの話題で少し盛り上がった後、一度ご一緒させてくださいとお願いした。

「今度、是非練習を見に来てください」

そんな社交辞令を合図に営業トークが再開した。


今回のプレゼンでは、価格やプランそのものよりもフットワークの軽さと僕自身の熱意を力説することに決めていた。何より一生懸命に話すのではなく、一生懸命であることを伝えたかった。ここへ来る直前に、あえてペットボトルの水を一本飲んだせいか、熱弁する僕の額に汗が浮いて……、そして流れ落ちるのを感じた。腕を組み、う〜んと唸りながら改善ポイントを指摘するシブカワさん。早急に販売促進計画を練り直して再度提案して欲しいと言う。反応は上々だ。僕もあえて腕を組んで、う〜んと唸って見せた。

「資料の再作成には三日ほどかかりますかね？」

「他でもないシブカワさんのお願いですからね、……二日と二十時間でやってみせます」

僕は答えた。


なんとなく場のムードが和んできた。会話も少々煮詰まってきた。

ウンウン……、そう何度かうなずきを繰り返した後、シブカワさんは言った。

「来週、新しい資料を元に、役員の前でもう一度プレゼンをお願いしていいでしょうか？」

今だ！　実際にはほんの一瞬のことだけれど、僕はスローモーションの中にいた。息を止めてタイミングを計っていた。そして言った。

「バットとグローブ、持って行った方がよろしいでしょうか?」

いやいや……。表情が緩んだ。

そして、ふぅーっ、と息を吐く僕に合わせるかのように、シブカワさんも、ふぅーっ、と息を吐いた。関門突破だ。僕は心の中で小さくガッツポーズをした。

2 出会い

当時の僕が住んでいたのは、東京まで電車で一時間ほどかかる郊外の住宅地だ。町の名物はナマズ。町のあちこちにナマズ料理のお店が点在している。イベントがあれば必ず登場するご当地キャラは、ナマズをモチーフにした〝なまりん〟と〝なま坊〟。駅の北側には有名なレスリングジムがあって、ナマズマンというプロレスラーまでいるのだから、ナマズが唯一無二のアイデンティティで、とにかくナマズ推しの町だ。

駅の南側には、金色に輝く大きな親子ナマズのモニュメントがある。

地方創世の名の下に、時の政権が日本中の自治体に一億円をばらまいたことがあった。その一億円が、この町では駅前ロータリーの整備とその中央に燦然と輝く黄金ナマズに化けたらしい。ロータリーの中央に五メートル四方の人工池がある。その中央の台座の下部に親ナマズを見上げる形で子ナマズ、上部に親ナマズが東を向いて踊っている。親ナマズの全長は約五メートル。モニュメントの全高は約二メートルもある。

この町の元ヤンキーに「武勇伝でもありそうだね」なんて声をかけると、何人かに一人が、若い頃に酔っ払ってこのナマズのモニュメントの上に飛び乗って、駅前交番のお巡りさんに怒られたと胸を張る。どう武勇伝なのかは微妙だけれど、のどかないい町だ。

ある元ヤンが教えてくれた。

「いきなり親ナマズの背中には飛び乗れないから、まず人工池の淵から勢いよく子ナマズに飛び乗って、そのままの勢いで親ナマズの髭をつかみながら親ナマズの背中に回り込むように飛び乗る。この作業をスムーズにできないと池に落ちるから」

「そうなんだ」

「気をつけて」

「やらないって」


僕は二十代最後の年、東京まで車で三時間ほどの地方都市からこの町に越して来た。勤めていた広告代理店の東京本社に転勤の辞令が出たのだ。転勤が決まると、周りのみんなは口々に言った。

「東京はとにかく物価が高い！」

「家賃は目玉が飛び出る！」

「ランチは千円以下では食べられない！」……。

僕はビビった。調べてみると、確かにワンルームの家賃が十万円超の物件ばかりだ。そんなのイヤだ。東京の大学に通っていた友達に訊くと、少し離れると安くなると口を揃えた。水が高い所から低い所に流れるように、僕はこの町に流れ着いた。

口うるさくて暴力的な父と離れて暮らせることも嬉しかった。

「もう二度と帰って来るつもりはないから」

　僕は母にそう言い放った。

「マグロ漁船にでも乗ってると思えばいいじゃん」

　悲しそうな顔をする母に、僕は平気でそう追い打ちをかけた。

「お兄ちゃん、ホントにもう帰ってこないの？」

　たったひとりの妹のエミは心配そうに尋ねた。僕は無言でイエスだと伝えた。

「お前なんか、勘当だ。二度と帰って来るな」

　父はそう言った。

「勘当で結構。もう二度と敷居をまたぐつもりはないから」

　決意は固まっていた。新しい住所は母にだけこっそり伝えた。そして二度と帰らない覚悟で実家を出た。

　父は妹のエミには優しく、長男である僕にはとにかく厳しかった。子どもの頃は、テストの成績が悪いと殴られた。成績が良くても答案用紙に記入した名前の字が汚いという理由で殴られた。実家を出る朝も、酒臭い息を吐きながら態度が悪いと殴られそうになった。

「文句あるなら、ひとりで生きてみろ！　出て行け！」

　もう何千回もそう言われ続けたのだから、僕が家を出ることには大賛成なんだろうと思っていた。もう顔も見たくなかった。これまで虐げられてきた分、自由に生きられることが嬉しかった。

　ナマズのモニュメント以外、特になんて特徴もない町だけれど、何もないところが僕は気に入っていた。最近はどこに行ってもゴチャゴチャと何かがあり過ぎる。何かがあり過ぎるから、その何かが何かを主張しなければ何も感じられない。要するに、店先のマネキンが春の服を着なければ冬が終わらない町が多過ぎると、僕は思うのだ。

仕事から帰ってきて、駅から自宅まで徒歩十分の間には、駅前のマクドナルドとママが一人で切り盛りしている小さな居酒屋一軒くらいの誘惑しかない。ママはおそらく四十代。美人すぎず不器量すぎず、気楽に通うにはちょうどいい塩梅だ。

風が運ぶ自然の匂い、空気の湿り気……、この町の端っこを静かに流れる川の音は、この町の自然が奏でるベースギター。駅から歩く少しの時間が、仕事で疲れた心を優しくリフレッシュしてくれる。この町の小さな居酒屋で、僕はエムと出会った。

駅から僕の部屋までの中間地点、徒歩五分の川沿いにその居酒屋はある。夜の六時になると、ママが店内のスィッチをオンにして電光の看板を点灯させる。お店がオープンした合図だ。太い筆文字で書かれた看板の文字は〝和み家　蕾（なごみや　つぼみ）〟。看板のバックは汚れた和紙のような色。その少し茶色がかった風合いが温かさを演出している。お店に来るお客さんを出迎えるママの挨拶は「いらっしゃ〜い！」ではなく「おかえりぃ〜！」。最初は少しの違和感がある。でも、馴染むと案外お店の居心地の良さを演出していることに気付く。

入り口にぶら下がっているのは、どこにでもあるような二カ所のスリットが入った白色ののれん。一見、無地で何も書かれていない。だからホームセンターから買ってきてそのままぶらさげたのかと思っていたが、よく見ると右下に小さく〝蕾〟という文字が印刷されている。のれんをくぐると、店の入り口は右から左にガラガラっと開けるスライド式。まるで昭和の長屋の入り口だ。くもりガラスのせいで中の様子を伺うことはできない。だから、扉を開けるまで、よっぽど盛り上がっていない限り、お客さんがいるのかいないのか、満員なのかガラガラなのかも分からない。

店は十人ほどが座れるL字型のカウンター席と、ちょうど腰掛けられるくらいの高さの靴を脱いで上がるお座敷とに分かれている。お座敷には、どこの家にもありそうな黒い小さな木製テーブルが二つ。その周囲を、ペラペラでこれまたどこの家にでもありそうな柄の小さな座布団が四枚ずつ囲んでいる。


最初におそるおそる中を覗いた十九年前の夜のことを、僕は今でも鮮明に覚えている。お客さんはカウンターに一人だけ。カウンターの中のママに、初対面でいきなり「おかえりぃ〜!」と言われて、僕は少々驚きながら席についた。生ビールをチビチビ飲む僕をチラチラと気にしながら、ママとシゲちゃんと呼ばれているお客さんとは熱い議論の真っ最中だった。ちなみにこのシゲちゃんは僕より少し歳上で、この後も何度かここで会うことになる。ひとことで言うと、とにかく熱い人だ。その熱さ故、のちに誰もが驚く行動に出るのだが、それはまた後のお楽しみ……。

「ママ、キャベツ太郎にはどうしてキャベツが入っていないんだろう」

なんという話題だと僕は思った。キャベツ太郎というのは安価なスナック菓子だ。

「形がキャベツに似ているからじゃない」

「似てないと思うけどなぁ」

「いやいや、青のりがキャベツっぽさを演出してるでしょ」

どうでもいいような話題なのに、二人は至極真面目な表情だ。ママがシゲちゃんに言う。

「メロンパンにもメロンが入ってないからいいんじゃないの」

「いやいや、タコ焼きにタコが入ってないと怒るでしょ」

「確かに、かっぱえびせんにはエビがちゃんと入っているよね」

「でも、かっぱえびせんにカッパは入ってないか……う〜ん……」

さんざん語り合ったあと、シゲちゃんは千五百円を支払って「お先にぃ〜」と僕に挨拶をして帰っていった。空っぽのビール瓶とお皿が三枚残されていた。僕はなんとなく、この店なら通えるかなと思った。


この店に来ると、僕はいつもカウンターの真ん中あたりに座ることにしている。初日に座った席だが、特に理由なんてない。いつも一人だからお座敷に上がることはないし、カウンターの奥に座るほど常連ではなく、入り口近くでは落ち着かないだけだ。

エムと初めて出会ったこの日、僕はヘトヘトに疲れていた。

気を抜くとドロドロの液体になって崩れ落ちてしまいそうなくらい、身体を身体の形に保つだけで精一杯なくらい、僕の人生史上最高に疲れていた。東京に来てからは、今まで以上に頑張っているのに結果が出ない。ここ数ヶ月、企画コンペではことごとく競合に負け、前の担当者から引き継いだクライアントが、知らない間に他社に乗り換えていたこともある。翌日は上司に一日中怒鳴られた。人って一日中怒鳴ることも怒鳴られることもできるのだと、この時はボォーッとした頭で考えた。母の視線を背中に感じながら、振り向きもせずに出てきた手前、実家に帰るなんて選択肢があるはずもなかった。尻尾を巻いて田舎に帰ろうものなら……、父のバカにしたような表情が目に浮かぶ。ボロボロになっても打たれ続けているサンドバッグから砂がこぼれ落ちるのは時間の問題だった。こぼれ始めたらもう止まらない。それだけは自信があった。

この日もまた、仕事が決まらなかった。手応えがあった案件だけにショックが大きかった。僕はとにかくお酒を飲みたかった。知り合いには会いたくなかったが、ひとりになりたくもなかった。蓄が、僕のヘトヘトの心と身体を引き寄せた。

営業が向いていないのか、もう会社を辞めようかと思いながら、特に目的があるわけでもなく、生ビールを飲みながらスマホをいじくる。とりあえず自分のSNSを眺めて、いいねの数とコメントをチェックする。その後、いつの間にか無意識に辞表の書き方をググっている自分に気付いて、スマホを少しだけ乱暴に投げ置いた。四角く几帳面に折り畳まれたおしぼりの上で、裏返しのスマホが静かに跳ねた。

入り口近くと奥側の二カ所の壁面にはテレビが設置されている。いかにもカラオケ業者からリースしましたと言わんばかりの旧式テレビが客席を見下ろしている。誰も歌っていない今は、無言でニュースを流している。見上げると、米軍基地移転に反対して座り込む人たちの様子が流れていた。

（まだやってるんだ……）と僕は思った。どうしようもないような無力感が、今の自分と重なって見えた。低い天井を見上げた。行き場を無くしたタバコの煙がうごめいている。大声を上げながら煙を両手で撹拌したい衝動にかられた。

職場でひとり落ち込んでいた僕に、何人かが帰り際、声をかけてくれた。

「お前……、仕事は楽しまなくちゃダメだぞ」

トップ営業マンのマサト先輩は僕にそう言ってくれた。マサト先輩はいつもオシャレなスーツでバッチリキメている。カッコ良くて成績も良いマサト先輩を尊敬してはいるが、正直よく言うよと思った。僕は、仕事が楽しいというのは嘘だと思っている。どれだけ好きなことでも、仕事にした時点でそれは楽しいものではなくなってしまうと思うのだ。楽しむことと、プロとして仕事をすることは決してイコールではないはずだ。仕事は趣味とは違って楽しむものではなく、頑張るものだと僕は思う。だから僕は、仕事を頑張ろうとは思うけれど、楽しもうとは思えない。

「営業に大事なのはツカミだよツカミ。ちゃんと笑い取ってるか？」

関西出身のカワムラ先輩がかけてくれた言葉だ。

はっきり言って関西人は特別だと思う。営業マンは芸人じゃないし、クライアントは寄席に来たお客さんではない。そもそも相手を笑わせる必要がどこにあるのだろう。

僕自身、関西出身でもなければ、お笑いが得意でもない。関西出身の大学時代の友人は、関西出身なんだから面白い話をしろとか言われるのが一番イヤだと言っていた。ガッカリする周囲に、「ダンスの下手な黒人も、お酒に弱い高知県民もおるやないか」と彼はいつも反論していた。何より、笑いを取ることってそんなに大事なことだとは思えない。いつも冗談を言っている社会人が信用を勝ち取れるだろうか。聴くべきことに耳を傾け、伝えるべきことを誠実に伝えることが、営業マンに求められていることだと思う。

「なんか分からないけど、とりあえず笑えよ！　ワハハハハッ！」

これは、同期のユウスケ君が僕に言った言葉だ。

ユウスケ君は僕と同い年で、いつもヘラヘラ笑っている。やたらとよく喋るし、茶髪だし、なんとも言えない軽さがあってどう対処していいやら困ることが多々ある。

フフッと笑う程度のことでも、ワハハハハッ！　と空を向いて大声で笑う。鳩のフンでも落ちて来たらどうするのだろうといつも思う。その姿が無防備に思えて、出会った当初はとても友達になれないと思ったりした。そんなユウスケ君の言葉はもはや意味不明だ。

「この状況でとりあえず笑えますか？」

「とりあえず笑ったら解決しますか？」

　僕は真顔で聞き返したい気分だった。イヤなことや失敗があったら落ち込む、そして反省して次に活かす。意味なく笑うのではなく、そう改善することが大切だと思う。

「お客さんは、褒めて、おだてて、ヨイショするのよ」

　同じ部署で唯一の女性、サナエ先輩はこう教えてくれた。僕は、それは先輩が女性でしかも美人だからですよと言いたかった。サナエ先輩がニコッと笑うと、その瞬間、周囲の空気が一瞬パッと明るくなる。サナエ先輩は、男性社員のマドンナ的存在だ。噂ではバツイチの独身らしいけれど、なにより明るいし、お酒もよく飲むので付き合いもいい。それに歌も上手くてスタイル抜群だ。そんな女性にヨイショされたらどんな担当者でも、男であれば喜ぶだろう。僕が同じことを言っても下手な太鼓持ちにしかならない。

　そう言えば先日、たまたま食堂をサナエ先輩と歩いていたときのことだ。半分に切られた魚を前に、頭の方を取るか尻尾の方を取るかどちらが得か議論している男性社員がいた。その様子を見ていたサナエ先輩が言った。

「頭でしょ、頭。どっちの肉が多いかとかそんなチマチマした話ではなく、男に生まれた以上、無条件に頭からガブッ！」

　その言葉を聞いて、僕はカッコいい！　と思った。仕事だって同じだ。男に生まれた以上、おだてやヨイショではなく、正々堂々と頭からガブッ！　と勝負すべきだと思う。

蕾のいつもの席で、四人の言葉を思い出しながら僕は腐っていた。

（でも、みんな僕よりもずっといい成績上げているんだよな……）

そう思って肩が落ちた。ユウスケ君なんて、社内研修でロープレやってても笑ってばっかりで、半分何を言っているのか分からない。それでも彼は僕より多くの仕事を取って来るのだ。やるせない気持ちになった。結果を出せない者は何を言われても仕方がないし、説得力もない。それがビジネスの世界だ。


座敷にいた知らないお客さんが、リモコンでカラオケの曲をリクエストした。ニュースを流していたテレビの画面がカラオケの画面に切り替わる。流れるイントロ……。これは……、さだまさしだ！　さすがにリアルタイムでは知らないけれど、母親が口ずさんでいるのを何度か聞いたことがある。

（曲名はなんだっけ……）

ボンヤリ考えていると、誰かの声が聞こえた。

「いいよねぇ～、カカシ」

そうそう、平成三十年の今となっては滅多に聞かない曲だけれど、僕はこの曲のおかげで〝案山子〞と漢字で書けるようになったのだ。こういうお店には、絶叫系の若者ソングより、昭和のレトロな名曲がよく似合う。そんなイントロが流れ終わり、決して上手いとは言えない歌がスタートした。その直後のことだった。

「ちょきまっと！」

天井から意味不明語が降って来た。突然の大声に椅子から落ちそうになった。飲みかけのビールジョッキを水平に保つのに神経を半分使いながら、声のした方向に目線を向ける。店の中には色んな言葉が飛び交っている。でもその声には、明らかに僕に向かって飛んで来たと感じさせる、説明のできない力があった。

一番入り口に近いカウンター席から、知らないおじさんが立ち上がってこちらを見ている。左手にはなみなみと生ビールをたたえた大ジョッキ、右手にはお箸。お箸の先はこちらを向きながら宙をさまよっている。乾杯相手と食べ物を同時に探しているような立ち姿だ。僕は無言でクエスチョンマークを醸し出した。

ずっと居たはずなのになぜか存在に気付かなかったそのおじさんは、大きな段ボールの上に小さな段ボールを重ねたような体型をしている。それに、男にしておくのがもったいないくらいに色白の肌。短い手足に、真っ赤な無地のTシャツ。後頭部と側頭部はおもいっきり刈り上げている。そのせいか、ほとんど前髪しかないような状態だ。筆でチョチョッと描いたような目鼻口が印象的だ。それよりなにより、上半身に比べて下半身がかなり大きい。居酒屋さんではできれば天使に会いたかったのだが、天使にしては髪型も体型も微妙すぎる。額にはアブラ汗がにじんでいる……。

「ちょきまっと！」

こっちを見たまま、おじさんはまた言った。そ〜っと後ろを振り返ってみるが、誰も反応していない。

「あんただよ！　あんた！　キマ語って知ってるだろ？　孫の子どもはひ孫だけど、ひ孫じゃなくてキマ語だよ」

このおじさんは何を言ってるんだろうと、警戒しながら僕は答えた。

「……知りませんけど」

「昔、女子中高生の間で流行した〝暗号〟だよ」

「……」

「まきまじ～！　ほきまんと～！　しきまんじられない～」

「何を言ってるんですか……」

僕は目をそらした。そして、話しかけてくれるなオーラを全身で醸し出した……にも関わらず、それを無視しておじさんは続ける。

「一文字目の後に、とにかく〝キマ〟を挿入するんだ」

「……」

「だから、今の、ちょきまっと！　は、ちょっと！　ってことになるんだなこれが」

「はぁ」

「だから、弁当食べるは、ベキマんとう、たキマべる」

「あの……」

「秘密の会話の暗号っぽいだろ」

「……よく分かりませんけど」

少し離れた席からではあるけれど、こちらを向いて僕だけに話しかけている状況だから、あからさまに無視もできず困った。誰かに助けを求めたかったが、店内には特に友達もいない。おじさんはここで生ビールをグビリと飲んだ。

「それではここで問題です」

突然の言葉に、少し戸惑う僕。

「〝隣のおじさん〟、このフレーズをキマ語ではなんと言うでしょう?」

「え? ……」

答えたくはなかったが仕方がない。このおじさん、なんだかガサツで面と向かって無視したらヒドく怒り出しそうで怖い。

「……とキマなりの、おキマじさん、でしょうか」

渋々答える僕に、おじさんは言った。

「正解! 素晴らしい飲み込みだ。アナコンダ級だよ」

例えがよく分からない。そして耐えきれず、若干怯えながらも僕は小さな声で言った。

「一人で飲みたいので、……もうやめてもらえませんか?」

今度はおじさんが黙る番だった。


僕に女子中高生の考えることはよく分からない。それに、キマ語というのが本当にあるのかどうかも知らない。そもそも、挿入するのが〝キマ〟である必要があるのかとも思った。すぐにでもお会計を済ませて帰りたい気分だったけれど、あからさまにそうもできない。この日の僕は少し気まずい空気を感じながら、もう一杯だけビールを飲んだ。チラチラと僕を見る、そんなおじさんの視線に気付かないふりをしながら飲むビールはあまり味がしなかった。そして逃げるように先に店を出た。店の外でちょっとした解放感を味わいながら僕は思っていた。

(今度のぞいてあのおじさんが座っていたら、戸をそっと閉めて帰ろう。でもまぁ、もう会うこともないだろうからいいか……)

しかし、僕のこの予想は大きく裏切られることになる。店にいないのを確認してから中に入ったはずなのに、おじさんはいつのまにか少し離れた席に真っ赤なTシャツ姿で座っているのだ。そんなことが何度か続いた。最初は目も合わせなかった僕だが、何度も顔を合わせるうち、遠くから会釈されることに抵抗がなくなってきた。顔を合わせる回数が好感を持つ度合いに影響するという〝単純接触の原理〟は真実のようだ。僕は嫌々ながら参加して、一日中誰とも話さず黙って座っていた営業研修で学んだことを思い出した。

3 ― エム

そんなある月曜日、仕事帰りに蕾に座っていると、天井からあの声が降ってきた。

「ちょきまっと！」

振り向くと、いつもの赤いTシャツが目に入った。色白で小太り、あのおじさんが小さな目でこっちを見ている。

「ときマなり、すキマわってていいかな？」

瞬間的に店内を見回したが空席はほとんどない。正直、親しく話すには抵抗があった。しかし何度も顔を合わせているのだ。隣に座ることを拒否する理由も見つからない。

「あ……、どうぞ……」

少し横につめる僕。椅子にお尻が着く前から、大きな声でおじさんはビールとカキフライを注文した。ビールをグビグビ飲みながら、おじさんはガンガン喋る。ワハワハ笑う。あまり話をするつもりはなかったが、おじさんその昔、漫才師になりたくて落語家の某師匠に弟子入りしていたのだと言った。

　僕は正直、少しだけ興味を持った。お笑いというまったく縁のなかった世界に実際にいた人が、今、目の前にいるのだ。舞台の裏側はどんな感じなのだろう。見るのとやるのとが違うことくらいは分かる。でも、どんな苦労や経験がこのおじさんの中には詰まっているのか、まったく想像もできない。僕の頭の中でポップコーンが跳ね始めた。聞きたいことがポンッポンッポポポンッと浮かんで言葉になる前に、次の聞きたいことがまたポンッポンッポポンッと浮かぶものだから、口からは言葉が出ない。頭の中の密閉空間ではポップコーンが増殖を続けている。何かを聞くには聞きたいことが多過ぎたし、先日、冷たくした手前もある。

　このタイミングで、さっきおじさんが頼んだカキフライが、カウンターの内側からやって来た。おじさんの短くて細い腕では届かなさそうだったので僕が受け取った。

（太い身体に細い腕、……ミジンコみたいだ）

　僕の頭の中で久々に考えが言葉になった。プリプリに太ったカキはジューシーで美味しそうだ。カキフライを受け取りながら、おじさんは「笑いの力って本当に凄いんだ」と、昔を思い出すかのように言った。確かにそれはそうだろうと僕も思う。笑うだけでＮＫ細胞が活性化し、免疫力が高まるって話も聞いたことがあるし、笑うだけで人は元気になるものだとも思う。落ち込んだ人や、生きる気力を無くしてしまったような人にだって勇気や元気を与えることができる。これって誰かの人生に良い影響を与えることができるってこと。誰かのヒーローになることができるって、凄いことに違いない。

「笑いの力を活用したら、誰だって、何だって実現できるんだ。誰だってスーパーマンになれるんだ。

本当に凄いよ」

　おじさんは自分自身に確認するかのように言った。でも、僕はこの言葉には同意できなかった。関西出身のカワムラ先輩と言っていることが同じだ。

　人を笑わせることは人生の素敵なアイテムになるとは思う。でも、ビジネスに当てはめるわけにはいかないだろう。笑いの力がビジネスでも絶大な力を発揮するなら、トップ芸人が大企業の社長を兼ねていてもおかしくない。人を笑わせることが不得意な人間は、ビジネスで成功できないということにもなってしまう。

　百歩譲ってホスピタリティという言葉に置き換えるなら、僕たち営業マンが大切にするCS（顧客満足度）とリンクして有効だという側面があるかもしれない。でも、おじさんの頭から氷水をぶっかけるようで悪いのだけれど、そうだとしても、それは笑いの力を真面目なビジネスシーンで活用できればの話だ。三十秒間の自己紹介ですら口から心臓が飛び出さんばかりになる、そんな人がこの世の中の大多数を占めていると僕は思う。そんな大多数に、難しい顔をした仕事相手を、真面目なビジネスシーンで笑わせろとは、血を一滴も流さずに胸の肉一ポンドを切り取れというくらいに無理難題だと思う。

　理想に燃える人に現実をつきつけるように、盛り下げ御免で僕は言った。

「でも、笑いの力の活用って、僕みたいな普通の人にはとても無理だし、ビジネスシーンで活用するなんてことはあり得ないことですよね」

　ムッとさせてしまうだろうと思っていた僕の予想は見事に外れた。おじさんは笑った。愉快そうにムフムフと笑った。笑いながらさっきのセリフをもう一度繰り返した。

「誰だって、何だって実現できる。誰だって、何だってだよ」

「僕のような人間にだってですか？」

「もちろんだよ」

「ビジネスシーンでもですか」

「そうだよ！　エニバデェ、エニタイム、オッケーだよ！」

　おじさんはそう言いながら左手を腰にあてて立ち上がり、重心を若干右側に移動しながら大きなお尻をクィッと左に振った。そしてゆっくりと右手の人差し指を突き上げて、往年のディスコポーズを決めてみせた。

　僕は誰かがこんな風に冗談を言ったりやったりした時はどう反応していいか分からないタイプの人間だ。本当に申し訳なかったけれど、おじさんの不格好なディスコポーズを見て見ぬふりしながら考えた。

（笑いの力がビジネスの世界で誰にでも活用できる……？）

　名刺交換、プレゼンテーション、営業トーク、色んなシーンを思い浮かべた。クライアントの強面の担当者、何かある度に怒鳴り散らす上司、何を言っても反応の薄い後輩、色んな人を思い浮かべた。……やっぱりどうしても納得できなかった。そんな僕の様子を見ながら、おじさんはディスコポーズのままで言った。

「カキフライ、食べていいかな？」

「そもそも、人はなぜ笑うのかな？　その理由を知ってるのかな？　ムーミン」

　ソースでベチャベチャにしたカキフライを頬張りながら、スナフキンの真似して問いかけて来るおじさん。どう答えていいか黙っていると、おじさんは言った。

「黙ってないで、こういう時は、〝誰がムーミンですか？〟これが正解」

「正解があるんですか？」

そう答えながら、体型からすると、どう見ても僕がスナフキンでおじさんがムーミンだと僕は思った。

「もちろんだよ。流れの中で、誰もが思うことを口にするだけで会話は円滑になるんだ。ディス・イズ・ザ〝共感の法則〟」

よく分からない法則を披露した後、おじさんはさっきの答えを待つかのように僕をジッと見た。僕は質問をリピートした。

「人が笑う理由ですか？」

「そう」

「それは、面白いからじゃないでしょうか？」

「ハッハッハ……」

「何が面白いんでしょうか？」

「ほら、何も面白くなくても人は笑うんだな、これが」

おじさんの目がキラッと光った。

相手の台本通りの言葉を発してしまった時、微妙な悔しさと同時に、この先の展開に対するちょっとした期待が生まれる。

（このおじさん、なにものだ？）

僕がそう思った瞬間、おじさんは言った。

「誰が、おじさんだよ」

僕は心を読まれたようで驚いた。

「誰もそんなこと言っていませんけど」

「分かるんだよ」

「思い込みですよ」

「思っただろ」

「思いましたけど……」

「それだよ！　言葉はなかなか伝わらないけど、言葉ではない微妙な何かって相手にメチャクチャ伝わるんだよ！　大事なことだよ！」

そしておじさんは、ウルトラマンがスペシウム光線を出す時のように、両腕をクロスさせて言った。

「ディス・イズ・ザ〝メラビアンの法則〟……ジュワッチ！」

「また法則ですか？」

「コミュニケーションの中で、言葉が何パーセントの役割を果たしているかって法則だよ」

「言葉の役割って、……八十％くらいでしょうか」

「ブブゥッ！正解は、七％」

「七％ですか？　そんなに少ないんですか？」

「そう、表情や言い方、顔色や声のトーンといった、感情が無意識に現れる部分から人は九十三％の情報を得ているって法則なんだよなこれが」

「へぇ～、それは驚きですね……」

「七％という数字の裏付けは微妙らしいけど、言葉の果たす役割が思った以上に少ないのは間違いない」

　確かに、同じ言葉でも言い方や表情によって受け止め方や対応が変わるものだ。なるほどと感心する僕に、おじさんは自分の胸をドンドンッ！　と叩きながら続けて言った。

「だから仕事でもプライベートでも、人と接する時に大事なのはハートだよ！　ハート！」

　あまりにもクサいセリフに、僕は思わず絶句してしまった。


　ここでおじさんはビールに少し口をつけて、さらに続けた。

「言葉は入れ物みたいなものだよ」

「入れ物ですか？」

「そう、想いや事実に〝言葉を当てはめて〟伝えるのがコミュニケーションなんだ。だから、伝えたいのは言葉自体ではないってことを忘れると結果が出ない」

「はぁ……」

「つまり、投げ掛けるのは言葉だけれど、伝えたいのは言葉じゃないんだよ！」

　突然の熱弁に頷くことしかできない僕。おじさんは気にせず続ける。

「例えば、ありがとう、という入れ物を相手に渡したとしても、入れ物の中が空っぽだと、どうだ？」

「そりゃガッカリですよね」

「そう、中に何を入れるかが残りの九十三％だよ。ディス・イズ・ザ？」

　そう言って止まって、僕を見つめるおじさん。黙っているとおじさんはガッカリした表情で言った。

「メラビアンの法則だよ。黙ってちゃダメだよ……、相手の期待には応えないとダメなんだよ……。

ディス・イズ・ザ〝期待の法則〟。お笑いの鉄則だよ……」

「僕は芸人じゃありませんし、お名前も知りませんから」

「名前なんてどうでもいい」

「どうでもいいんですか！？」

「そうだよ。とにかく、俺はおじさんではなくヤングだ」

「ヤングと言ってる時点で、おもいっきりおじさんじゃないですか」

「そうそう、そんな感じで誰もが思うことを口にする。共感の法則！　やればできるじゃないか！

ナイス合いの手だよ！」

「ツッコミと言ってもらえませんか」

おじさんには人を巻き込むパワーがあった。乗せられて、僕はいつもとは違う自分を演じている
かのようにリズム良く会話に参加できた。なんとなく楽しかった。


数分後には本人の希望で、僕はおじさんを〝エム〟と呼ぶことになっていた。

どうしてエムなのかと尋ねても、俺はエムなんだよとしか答えない。

「イニシャルがMなんですか？」

「さぁね」

「ムチが好きとか」

「俺はムチムチだけど」

「ロウソクはどうでしょう」

「朗読はあまり得意じゃないなぁ」

……こんな調子で会話にならない。

ひとつでいいから食べたいという僕の期待に一瞥もくれず、最後のカキフライはエムの胃袋の中に消えて行った。生まれ変わってもカキにはなりたくないなと、どうでもいいことを考えながら、僕は改めて尋ねてみた。

「で、どうして人は笑うんですか？」

「その昔、ある有名な落語家さんが、笑いというものは〝緊張が緩和する〟ことで生まれるものだと分析したんだよなこれが」

エムは、真面目な顔になった。


緊張が緩和？　なんだか難しい。僕とエムのビールジョッキは、少し前に焼酎の水割りグラスに姿を変えていた。ホロ酔い気分も手伝って、僕は反論した。

「緊張が前提ですか？」

「そう」

「う～ん……、面白いと思ったり、楽しかったりして笑う実感はありますが、緊張が緩んで笑うという実感がなくて、なんだか違う気がするんですけど」

ニコニコと喋っていたエムの動きが止まった。覗き込むと、カウンターの一点を見つめる顔が怖い。

(もしかして僕の反論に気分を害したのだろうか)

僕は少し焦った。よく見ると、エムはプルプルと震えている。色白の肌が少し紅潮しているように見える。少し飲み過ぎた自分を反省しながら仕方なく黙っていると、エムは震える声で言った。

「……じゃ、どうなんだよ？　……あんたが説明してみろよ……」

　突然飛んで来たトゲのある言葉に僕は驚いた。もしかして本当に怒らせてしまったのか。

「いちいち細かいことをどうのこうのって、うるさいよ」

「すいません」

　エムは自分の話を否定されて怒っていた。僕は謝るしかなかった。

「俺、あんたより歳上、目上の人だよ」

「すいません……」

　当然ながら、怒らせるつもりも喧嘩をするつもりもなかった。僕はとにかく謝った。

「ホント、文句が多いよ！」

「申し訳ないです」

「まったくもぉ……」

　そして流れる若干の沈黙。こういう時にピッタリのフレーズがあればノーベル文学賞ものだと思うのだが、当然、頭には何も浮かばない。何十分にも感じられる、そんな数十秒の沈黙の後、エムは言った。

「……なんちゃって」

「は？」

「……なんちゃって」

「は？」

「は？　じゃないよ」

「怒ってないんですか？」

「怒るわけないじゃんか、そんなことで」

「なんなんですか……いやぁ、良かったですよホントに……」

　僕はホッとして胸を撫で下ろした。誰だって敵なんて作りたくない。肩の力がスッと抜けた。エムはそんな僕の顔を指差した。

「なんでしょう？」

「ほら、笑ってる」

「え？」

「あんた、今笑ってる。それだよ！　緊張が緩和したんだよ！　ディス・イズ・ザ〝緊張と緩和の法則〟」

（やられた！）

　怒っていないと分かった瞬間、確かに僕は笑っていたかもしれない。それは、心を内側に締め付けていた緊張という力がなくなり、外側に向かって広がって行くような感覚。それが笑い……。心が温まって膨らんで、そして上昇していく。もしかしたら笑いって熱気球みたいなものだろうか。

　エムはさらに解説する。

「緊張というのは、人前でドキドキするような状態だけを指すんじゃなくて、不安や心配や劣等感や混乱といったネガティブな感情全体を指すんだ」

「ネガティブ？」

「そう、それが、安心や共感、優越感といったポジティブな方向に動くことで緩和される。まぁ難しく考えず、人が笑う理由は感情にプラスの変化が起こるからでいいんだよ」

「感情がプラスに動く、それだけの理由ですか……」

「笑いのプロはその変化や落差を大きくするために、あえて緊張状態を作り出してから緩和するという作業を行っているんだと思うと分かりやすいよ」

僕の中で、何かが腑に落ちる小さな音がした。エムは続ける。

「だから日常生活では、満足している人にさらなる満足を与えても、不安な人の不安を少し取り除いてあげるだけでも笑顔は生まれる」

「なるほど。マイナス百の状態が、マイナス九十になるだけでもいいってことですか」

「いいこと言うねぇ！　それで大きく笑う人はいないけど、まさにそういうことだよ」

そう言いながら、エムの箸はお皿に残ったカキフライのカスをつまんでは口に運ぶ。そしてまたつまんでは口に運ぶ……。妙に手慣れた職人技のような作業に、僕の目は釘付けになる。そんな僕の視線に気付いたエムが言った。

「食べる？」

「いりませんよ」

カキフライのお皿をピカピカにしてから、エムは空中に向かってブツブツ言った。

「笑うって行動はさ、感情のプラスの変化の最たる表れなんだからさ、笑いの働きかけを制することができれば、仕事でも日常生活でも相手の行動をプラスに操れるんだ。人類最強の武器は化学兵器でもドローンでもなく、笑いの分析の中にある」

そしてまた足をプラプラさせてから続ける。

「ただ、笑わそうと思うと難しいものに変わってしまう」

「そうですよね」

「家族やお客さんや仕事の同僚や上司や……、縁があって周囲にいる人の心にプラス方向の力を加えて、ほんの少し行動をポジティブに向ける。そのことを通じて人生を変えること、それが俺たちにできる、笑いの力を活用するってことなんだよ」

う〜ん……、何となく理解はできるが、そんな積み重ねで本当に人生は良くなるんだろうか。何より、だからって具体的にどうしろって言うんだろう。思わず黙ってしまった僕の気持ちを察したかのように、エムは言った。

「簡単だよ。あえて、人が喜ぶことをするだけでいいんだよ」

「喜ぶことですか？」

「そう。自信が無い人には褒め言葉を、劣等感を感じている人には優越感を、孤独な人には温かい仲間を、悲しみの中にいる人には喜びを、不安な人には安心を！」

「はぁ」

「お腹がすいている人にパンをあげることが笑いの働きかけなんだよ！」

最後はどこかで聞いたことがあるセリフに、僕は吹き出していた。

（確かに、感情にプラスの変化が生まれたことの表れが笑うという行動だと理解すれば、笑いの働きかけを分析して理屈にできれば、誰にでも使える武器になるかも……）

酔った頭で僕はボンヤリそう考えた。

エムと隣り合って飲み始めてから、小一時間が経過した。

僕はいつも、人に何かを尋ねる時は、ゆっくり考えてから質問することにしている。思ったことをすぐ口にして、何度か痛い目にあったことがあるからだ。でもこの時は酔いも手伝ってか、無意識に色んな質問が口から出た。僕の中で、エムという人間に対する興味がわき出し始めたのかも知れなかった。

「ところでエムは、今はどんな仕事をされているんですか？」

エムは、オッ！　という表情を顔の中央部分で作った後、持っていたカバンをゴソゴソして名刺入れを取り出した。僕も慌てて、順序が逆だろとか思いながらも、あえてオッ！　という表情を作ってから名刺入れを取り出した。

「私、こういう者です」

そう言いながらエムが差し出した縦書きの名刺の中央には、名前ではなく会社名が記されていた。これまでに見たどの名刺よりも、太いゴシックで、大きな文字だ。とにかく会社名のアピールが凄い。こんな名刺は初めて見た。僕の目は、名刺の中央にご本尊のごとく鎮座する会社名に釘付けになった。

『笑いの科学株式会社』

なんとも聞いたことがないようなネーミングだ。〝笑い〟と〝科学〟と〝株式会社〟は、僕の常識の中ではどう考えても結びつかない三つの単語だ。僕の頭の中で、グルリと思考がひと回りしたのを見計らったかのようなタイミングで、エムが教えてくれた。

「笑いの理屈や働きかけを活用して、色んな人の悩みを解決するコンサル会社だよ」

「凄いコンセプトですね……」

僕は正直にそう口にした。

「俺が作った会社だよ」

「社長ですか！」

このタイミングでエムは短い腕でガッツポーズした。リアクションがよくわからないが、とりあえず心の中で再度つぶやいた。

（ミジンコか！）


名前は、名刺の端の方に小さくあった。〝代表取締役　城久勇三〟

エムは胸を張った。僕は少しイヤな予感がした。

「じょうくゆうぞう、と読む」

「芸名ですか？」

「偽名だよ」

「怪しいじゃないですか」

「作家のペンネームみたいなものだからいいんだよ」

「ていうか、エムって、どこにもエムがないじゃないですか」

「しかし、さっきから細かいことばっか言うよな」

「細かいとは思いませんけど」……


どうのこうのと話をしているうちに、焼酎のボトルが空になってしまった。お腹がいっぱいで何も食べることができない。するとエムが口を開いた。

「実はうちの会社で、アルバイトを募集してるんだ」

　誰か紹介できる人がいないか、漠然と考える僕。

「誰でもいいというわけじゃないんだよな……」

「それはそうですよね」

「だから、あんた来てよ」

「なんで僕ですか？　僕は普通に仕事していますから」

「日曜日に時々開催しているカウンセリングのサポートだけでいいからさ。給料弾むしさ。時給八百円」

「弾んでないじゃないですか」

「ジョークだよジョーク。とりあえず一度だけでもいいから、試しに来てみてよ」

「いやいや、せっかくの日曜日、休ませてくださいよ」

　そう言う僕に、あんたには才能があるとか、どう考えてもそうは思えないような褒め言葉や口説き文句を並べて食い下がる。ここでキッパリ強い口調で断っておけば良かったのかもしれない。でも、すでにこの時点で、僕は〝笑いの科学〟に魅せられていたのだと今になって思う。

「分かったよ。じゃぁ、あっち向いてホイをしよう」

　エムは突然言った。

「あっち向いてホイですか？」

「そう、俺が負けたら引き下がるから」

　このひと言に僕は乗ってしまった。そもそも、ここであっち向いてホイなんかする必要も義理もない。無理矢理ゲームに参加させて、負けた相手に行動に対する義務感を負わせる。よくある作戦だ。もし相手が勝ったらまた別のゲーム、勝つまでやればいいだけだ。でも僕は乗ってしまった。きっと、心のどこかで負ける自分を受け入れていたのだと思う。

「それじゃ、行くぞ！　最初はグー！」

慌ててグーを出す僕。続いて、予想以上の大声の「ジャンケン、ポーンッ！」に気圧された僕のチョキはエムのグーに粉砕され、「あっち向いて、ホーイッ！」の迫力に従うかのように、僕の顔はエムの人差し指の動き通りに右を向いた。一瞬の間だけ僕に与えた後で、エムは勝ち誇って言う。

「じゃ、ということで、来週の日曜日、午後一時、さっそくうちの会社に来てもらおう」

僕の人生が、成功に向かって大きく舵を切った瞬間だった。


自分の中のほんの数％の自分が〝ま、いいか〟と思った瞬間、九十パーセント以上を占める大部分の僕が〝ま、いいか〟に流される。そんな経験を僕は四十九年間の人生で何度もしてきた。負けてもいいかと、思った企画コンペで勝ったことは一度もないし、六十点くらいでいいかと思ったテストで九十点を取ったこともない。でも時に、この〝ま、いいか〟が人生を素敵な方向に運んでくれることもある。だから僕は、肩肘張ってがむしゃらに頑張る若者を見ると、たまには力を抜きなよと思ったりもする。〝ま、いいか〟が人生を台無しにすることも素敵にすることもあるのだから、神様は勝手なものだ。

笑いの科学株式会社の場所をエムに教えてもらった。ご丁寧にエムは簡単な地図まで書いてくれた。僕も腹をくくった自分自身を自覚していた。

「あんたとなら、益々良い仕事ができそうだよ。ママ！　お会計！」

　エムはそう大声で言うと、遠慮する僕を手で制して二人分を支払った。

「俺、明日も蕾に来るから、あんたもおいでよ！」

　席を立ちながらそう言ったエムは、真っ赤なTシャツの残像を残し、風のように去って行った。僕はグルグルと回る頭で考えた。なんだったんだろう……。そして酔いに任せて大声で言ってしまった。

「ちょキマっと！　にキマちようびに、バキマイトって、マキマジですかぁ〜！」

◆◆◆

　翌日、当然のように仕事終わりの僕の足は蕾に向かっていた。会社を出ようと荷物を片付けている僕を見て、ユウスケ君が話しかけてきた。

「お前、今日、もしかしてデートでもあるのか？」

「そんなワケないじゃん」

　そう答えた僕にユウスケ君は言った。

「ならいいけど」

（ならいいけど、ってどういう意味だよ）

　そう考えながら電車に乗っていたせいか、ナマズの駅にはすぐに到着した。駅から蕾までの道程もなんだか短く感じられた。エムはいるのかなと思いながら扉を開けると、確認するまでもなく、真っ赤なTシャツがいきなり目に飛び込んで来た。エムは入り口近くのカウンター席を二席占領して座っていた。僕を見つけると、顔の中央にパーツを寄せて、オッという表情をしてからおいでおいでをした。

「あんた、今日も来ると思ってたんだよ」

「誘ったじゃないですか」

そう答える僕にエムは言った。

「今日は、漫才の理屈を説明するよ」

「漫才の理屈？　漫才に理屈があるんですか？」

エムは焼酎グラスに氷と焼酎と水を入れて、指でグルグルとかき混ぜて僕の分も作ってくれた。

「せめてマドラーでかき混ぜてもらえませんか？」

そういう僕に「ワイルドだろぉ～」とどこかで聞いたようなセリフを返した。

「今から言う理屈だけ知っていると、あんたも明日から漫才師だ」

「漫才師になろうとは思っていませんけど」

「ま、そう言わずに、漫才師の卵が相談に来ることもあるんだから……」

「ホントですか？」

「そうそう、漫才の理屈くらいは知っておかないとな」

仕方がないので、僕も指でグルグルとかき混ぜてから、焼酎の水割りをグビリと飲んだ。

「オホンッ。漫才の骨組みは、プラスの感情の変化を与える簡単な方法論二つだけでできています」

エムは改まって言ったが、丁寧な言葉遣いが気持ち悪い。

「悪酔いしそうですから、普通に話してもらえませんか」

エムは続ける。

「それが、〝共感〟と〝裏切り〟だ」

誰かが、サザンオールスターズの曲を歌っている。昨日流れていたさだまさしの案山子もいいけれど、夏にはやっぱりサザンがよく似合う。〝共感〟〝裏切り〟二つの単語が、賑やかな音符の間をすり抜けて天井付近で漂っている。

「そもそも漫才師が登場するやいなや、なぜ〝暑いですねぇ〟なんて口にすると思う?」

そう尋ねるエムに僕は答えた。

「さぁ、それは……、やっぱり暑いからでしょうか」

「ピンポーン! 理由は暑いから。これだけで笑いが取れるわけではない。でも、みんなが思っていることを代表して言うだけで、聴き手の感情にプラスの変化が起こる」

「みんなが思っていることを口にする、たったそれだけでですか?」

「そう、会話を円滑にする共感の法則と同じ理屈だよ。共感は、誰でも簡単にできる笑いの力の活用法で、会話のツカミにもなる。ディス・イズ・ザ〝ツカミの法則〟」

共感をとるだけでツカミになる……、理屈としては確かに簡単だと僕は思った。何より、笑わせようと無理に考えるよりもずっと取り組みやすいことは間違いない。

「例えるなら、共感は、ボクシングでいうジャブみたいなものだな。難しく考えずに、とにかく打つべし! 打つべし! だよ」

なるほど……、天気の話題や時事が営業トークの定番になる理由が腑に落ちた。

「次に、人は常に何かを予測しながら生きていることを知っておかないとならない」

「予測ですか？　明日の天気くらいなら予測しますけど」

　そう言う僕に、大きくかぶりを振りながらエムは言う。

「いやいや、そういう予測じゃないよ。コンマ何秒のスピードで頭の中を瞬間的に通り過ぎていくものだよ」

　そう言われても実感が沸かない。

「例えば、〝今日さ……、……朝起きてね……〟とゆっくりと口にすると相手の頭の中で何かがグルグルと回るような感じ、これが予測」

　分かるような、分からないような……。そりゃ、〝今日〟、と言われて、次の言葉がなかなか出てこないと、なんだろうと誰だって考える。それを予測と呼ぶのだろうか？

「やっぱり、僕は何も予測なんてしていないと思いますけど」

「じゃ聞くけど、帰ろうと思ってそこの戸を開けるとジャングル。さぁどうする？」

「どうするって、そりゃ驚くしかないでしょ」

「それだよ！　いつもの風景が広がっていると、言葉にしていなくても無意識に予測しているんだな」

　う～ん……。

「例えば、〝こんなに寒い日は家に帰ってこたつにでも入って、カキ氷でも食べたいね〟〝なんでやねん！〟どうしてこの会話が漫才として成立するのか」

　僕の無言をクッションにしてエムは続ける。

「こたつにでも入って……、と聞いた瞬間、聴き手のバックボーンに応じた、熱いお茶やコーヒー、おでんといった予測が無意識に存在するから成り立つわけだ」

「確かに……。寒い日にこたつに入ってカキ氷をシャリシャリ食べるのが当たり前の人にとっては、漫才にはなりませんよね」

いいところに気付いたね～と、エムはひとりでウンウンうなずいている。

「つまり、漫才のボケという働きかけは、相手の予測の裏切りということになる。予測の裏切りが感情にプラスの変化を与えるんだ。ディス・イズ・ザ〝予測の裏切りの法則〟」

また法則だ……。でも、考えたこともなかった理屈を言葉にされた瞬間、理屈は頭の中で何度か反芻される。その間、人はまるで息をするのを忘れたかのように動きを止めてしまう。この時の僕はそういう状態だった。エムはそんな僕を見ながらつけ加えた。

「ただ、良い意味で少しだけ裏切るというのが基本だからな」

確かに極端に裏切ってしまうと、きっとなんのことだか分からない。

「相手の予測を良い意味で少しだけ裏切る……」

何となく腹落ちした言葉を僕は呟いた。

「一方、どうして〝なんでやねん！〟かと言うと、みんなが〝なんでやねん！〟と思うからだよ。理屈はシンプルで、ツッコミというのもツカミと同じく共感の法則だ。誰もが思うことを誰もが思うよりも一瞬早く口にするだけでプラスの感情の変化が生まれるんだから、これもまた打つべし！　打つべし！　だよ」

確かに営業トークでも、相手が納得していないなと思う時は、「ここらへん、微妙ですよね」なんて機先を制して口にしてあげるだけで好感を持たれたりする。なるほど、笑いの理屈と営業トークの理屈には共通点があると僕は思った。

「テレビを見ていて、誰かがツッコミを入れた瞬間にスベった感がある時は、誰もが思うことを言えていないか、誰もが思うよりも一瞬早く言えていないかのどっちかだ」

「へぇ……、今度テレビを見ながら観察してみます」

「それに夏休みに入る前、先生が出した宿題に『めっちゃ多いじゃん！』て言うのがクラスの人気者だろ？　面白いことを言っているわけでもなんでもなくて、みんなが思うことを代表して口にしているだけ。それでもみんなが笑顔になる」

「確かに……」

エムは、そんな数多くある理屈の中から、相談に来る人に適した理屈を教えてあげることを通じて、仕事や人生を改善してあげるのが仕事だという。僕には、仕事やプライベートの悩みの解決に、笑いの科学株式会社を訪れる人がそんなにいるとはとても思えなかった。しかし、この後、実際に数人のカウンセリングをこの目で見て、彼らの人生が好転する瞬間に立ち会うことになる。

エムは、背筋を少し伸ばしてから言った。

「それではここで問題です」

「なんで唐突にクイズですか？」

「デート中、〝ちょっとトイレに行ってくるよ〟。そう言うあなたに彼女が言いました」

「はぁ……」

「〝行ってトイレ〟」

「なんなんですか、それは？」

「さぁ、何と返す？」

「何と返すって、そんな彼女いませんよ」

「さぁ、どう返す？　チックチックチックチック……」

「う〜ん……、行ってきます」

「ブブゥッ！　三十点」

採点基準はよく分からないが、かなり厳しい。

「そのまんまじゃダメだよ」

そう言うエムに僕は反論する。

「難しいじゃないですか」

「黙らなかっただけマシだから三十点。でも全然ダメだよ」

そう否定されても、どうしていいやら分からない。エムは力説する。

「相手が投げてきたボールはしっかり受け止めて、それに応じて丁寧に返してあげないと。そうしないと、ボールを投げてきた相手はガッカリするだろ？　感情が下に向いてしまうんだ」

「分かりますけど、じゃ、行ってきますの代わりに何て言えばいいんでしょう？」

「お便器で」（お元気で）

「そんなこと咄嗟に言えますか？」

「だから準備しておくんだよ」

僕の中で、また何かがコトッと音をたてた。エムは続ける。

「それでは、続いて第二問です！」

「まだやるんですか？」

「第二問は〝言い間違い〟の問題だ」

満面の笑顔でエムは続ける。

「会社のミーティングで誰かが、これまでのプロセスを振り返ろう、と言うつもりが……」

「どう言い間違えるんですか？」

「これまでのプロレスを振り返ろう」

「どんな言い間違いですか」

「いやぁ、素晴らしい言い間違いだよ。Ａ５ランクだな」

「牛肉ですか？」

「ナイス！　そんな感じで、さぁ、共感の法則を活用してなんて言うべきか」

「う〜ん……、プロセスの間違いじゃないでしょうか」

「ブブゥッ！　二十点」

これまたさらに評価が厳しい。

「単に間違いを指摘するだけでは、共感は取れても感情を上に向けられないんだよ。それじゃダメなんだ」

確かに今の僕の返しではシーンとしてしまいそうな気もする。

「じゃ、どう言うんですか？」

「そうだな、例えば、……猪木ですか？」

おぉ……。

「否定せずに乗ることで、言い間違えた相手を落とさず、水平展開することができる。これだと六十点で、まあまあのプラスの共感だ。ディス・イズ・ザ〝水平展開の法則〟」

エムは続ける。

「他にも、新日本ですか、コブラツィストですか、といったところは同じく六十点だ」

「じゃあ、もっと高得点を狙うには、何て言えばいいんでしょう?」

「いい質問だねぇ～。そういう場合は、自分もあえて言い間違うんだよ」

「わざと言い間違うんですか?」

「そう、それで誰かに『それも、違うし!』なんて共感を差し込んでもらえるようになると、間違えた人が救われるんだ。相対的に自分を落とすことで、コミュニケーションに上向きのベクトルを作り出す。難しいけど、八十点が狙える」

へぇ～……。

「では、続きまして第三問!」

「もうやめませんか?」

「あんたそんなこと言わずに、大切なのはトレーニングだよ」

「いえいえ、そろそろ勘弁してください」

「いやいや……」

……

ちなみにこの後、エムのクイズ攻撃は第十問まで続くことになるのだが、ここでは割愛しておく。

4 笑いの科学株式会社

そして、日曜日の朝はやって来た。

世界中の大人が実感していることだが、時の流れは明らかに年齢を重ねるほど早い。

子どもの頃は、衣替えをしてからもなかなか来ない夏休みが待ち遠しかったし、指を折っても折っても来週の遠足はなかなか来てくれなかった。それが大人になると、新しい一年が始まったかと思うとすぐに桜が咲くし、夏を暑くしたセミが静かになると、すぐに寒くなってコタツの中で一年早いよねとみんなで言い合う。一年後の自分にたどり着くのには、大人と子どもでは自転車とスポーツカーくらいの違いがあると僕は思う。

流れる時間は、生きて来た時間を分母に決まるという話を聞いたことがある。

まだ五年しか生きていない子どもにとって、人生の分母は五年で、三一歳の大人の分母は三十年。つまり同じ一年間でも、五歳の子どもにとっては人生の二十パーセントだが、三十歳の大人にとってはたったの三パーセントに過ぎない。この差が時間に対する主観的な違いになっているという。人生の三パーセントがあっという間に過ぎ去っても不思議はない。要するに三十歳と三十一歳はどっちでもいいようなものだが、四歳と五歳は全然違うのだ。いくら年齢を重ねても、若い心で初めてのことにふれあい、色んなことに驚いたり関心を持ったりして様々なことにチャレンジする。そうすることで、時間がたっぷりある子どものように人生はまだまだもっともっと楽しめる。要するに、歳を重ねるにつれ、人はあえて初めての体験を作らなければならないと僕は思うのだ。

しかし分かっていても、そうはいかないのがサラリーマンだ。

自分のために何かするのとは正反対で、会社のための自己犠牲は当然だし、家族を犠牲にすることだって特別なことではない。子どもとの約束を破って泣かせたことのないサラリーマンなんていないと思う。

おまけに出世と出向は紙一重だし、雄弁より詭弁だ。出る杭が一生の悔いになる可能性があるかと思えば、スーパーマンになれなければイエスマンになるしかない。チャレンジよりアウトレンジで、危険は賞賛されず、安全が重宝される。この日の僕のようになんとなく流されて、意に反したことにかり出されるのも、サラリーマンのひとつの特徴かもしれない。

この日が来るまでに、僕は毎日エムと蕾で顔を合わせた。いつも決まって真っ赤な無地のTシャツだった。毎日会うんだから、エムは常連だったのかと思った。しかし、その割にはこれまでに会った記憶がない。蕾で僕の顔を見る度にエムは、白い顔の中心に顔のパーツをギュッと寄せた。そして短い手でバタバタと手招きして、僕を隣に座らせた。芸能界のこと、エムの師匠のこと、得意のギャグ、色んな話を聞いた。得意のギャグは面白くなくて微妙だったけれど、「面白かったら売れているよ」というエムの言葉に妙に納得したりした。どんなギャグか……、それはエムの名誉のために伏せておく。

エムは一度だけサラリーマン役で映画に出たことがあるらしい。この時は三十秒のシーンの撮影に朝の五時から夜までかかったそうだ。僕には映画の撮影って何にそんなに時間がかかるのか分からなかったが、聞くだけで楽しかった。

話をしながら、エムは僕のうなずきやツッコミ、合いの手に何度も何度もダメ出しした。見たままではなく、意表をつくような表現をしろだとか、共感はできるだけシンプルに取れだとか、タイミングが早いとか遅過ぎるとか、その都度点数で言うものだから会話の腰は何度も折れた。でもおかげで、流れの中で共感を取るのが上手くなったと僕は思う。

他にも、「言葉を伝えるのではなく、言葉以外のものを意識して伝えるんだ」とエムは口酸っぱく僕に言った。これは僕の中での金言のひとつだ。言葉以外のものをあえて伝える……、芸人を例に挙げると、相手に笑ってもらうために必要なことは、面白いことを言うことではなく、面白さを伝えることだとエムは言うのだ。なんだか難しい。

「だから、芸人の仕事の大部分は、笑わせることではなく笑うことなんだよな。フムフム」

そうひとりで納得するエムだったが、頭上に疑問符をいくつも並べている僕に気付いて、僕の仕事に置き換えて話してくれた。

「営業をしていて、大切なことは一生懸命に伝えようと思うだろ」

「そりゃそうですよね」

「でも、一生懸命に伝えるということは自分の中だけで完結してしまう。コミュニケーションは相手に動いてもらって始めて成立する。だから相手に一生懸命だと分からせるんだよ。分かりやすく言うと、『一生懸命ですね』と言わせることが上手くなれば、営業成績は上がっていると断言するよ」

つまり、一生懸命に取り組むことはもちろんだけれど、汗をかいている姿をあえて見せることも必要だというのだ。エムはしみじみと言った。

「でも、ほとんどの人はそういうアピールをいやらしいだとか、そこまでして仕事を取りたくないとか言って嫌うんだ。本当は結果を出したいハズなのに、本当に残念だよ……」

「そりゃ、僕だって、そこまでして……、なんて考えちゃいますよ」

「でもさ、〝ちゃんと見てる人は見てるよ〟〝分かってる人は分かってるから〟〝いつかしっぺ返しが来るから〟なんて陰口をたたいたことがあるだろ」

「確かにそんなセリフを口にしたことありますよ」

「つまり、そういうアピールが上手い人がいて、アピールすることで結果が出ていることの裏返しでもある」

「確かにそれはそうですけど……」

そう言いながら、僕はそういう人にはなろうと思ってなれるものではないし、なりたくもないと心の奥で思った。そんな考えを見透かしたかのように、エムは言った。

「そういう人間になる必要はない。人生の大事な場面でできるように、準備をしておくんだよ。例えば自分はどんな特長のある営業マンなのか？　それをしっかりと言葉にして、相手に伝えるための工夫に落とし込む。コミュニケーションのほとんどはその場対応だから、準備している人にしか絶対にできないんだ」

僕の人生のポテンシャルがこの時に少しだけ上がったんだと思う。

僕にだってできたのだから、エムが言うように爆笑を取る漫才は難しくても、会話を円滑に進めたり、クライアントの担当者をご機嫌にしたり、初対面の人の聞こうという気持ちを引き出したりといった、ちょっとしたプラスの感情の変化を与えることは、本当に誰にでもできるのだと思えた。

集合は午後一時だから、今朝はゆっくり寝ようと思っていた。それなのに、いつもと同じ時刻に目が覚めてしまう。こうなることが分かっているから、普段から土曜日の夜は頑張って夜更かしするのだが、サラリーマンの体内時計って改めて凄い。

僕はのっそりと起き上がる。そしてカーテンを開け、太陽の光を全身に浴びてから窓を全開にする。僕の心のソーラーパワーが起動した。胸の中の小さな電球に灯が入る。小さいけれど僕のメイン電源だ。コンビニで買っておいた食パンにそのままかじりつく。単に焼くのが面倒くさい。バターを塗るのも面倒くさい。朝はこれで十分だ。口の中に小麦の香りが充満する。その中をコーヒーがさらさらと流れて行く。なんとなく幸せな瞬間だ。

ウィークデーよりは少しのんびりしたムードの朝のワイドショー的テレビ番組をながめていると、あっという間にお昼になった。サラリーマンの時間の流れは、日曜でも早い。とりあえずあるものを着て、僕はスマホを片手に自転車に飛び乗った。

ナマズの町の端っこを流れる川沿いに、笑いの科学株式会社はあった。

川沿いを通る時、僕はいつもわざわざ土手に上る。そして土手の狭い土の道を進む。車が通らないし、信号機もない。なによりこの方がアドベンチャラスで少しだけ得した気分になる。夜の間にモグラが土手にボコボコと開けた穴が、僕を意味なくワクワクさせる。

自宅から自転車でのんびりと十分ほど進んだところで、僕は自転車を止めた。エムに書いてもらった簡単な地図の☆印の場所にいるはずだった。どこだろうと周囲を見回す。ここか？　と思うまでもなく、ここしかない！　想像していたのと違う風景に、僕は少し呆然とした。雑居ビル的な建物の一室を想像していたのだが、目の前にはビルではなく広い敷地。大小様々な大きさの石の彫刻がかなりの密度で並んでいる。入り口付近には、大きな文字で〝石の心　シノダ石材店〟と彫られた大きな大理石の看板がある。目立つところでは大きな象や観音様や、立派な燈籠が立ち並んでいる。手前にはアンパンマンのキャラの石像が楽しそうに整列している。奥には、まだ何も文字が彫られていない墓石が並んでいるコーナーもある。この光景はどう見ても石屋さんだ。展示がメインの店舗らしく、奥におそらく事務所であろう、二階建ての小さなプレハブが建っている。

（ここなのか……？）

とりあえず自転車を降りて、固まってしまった僕。勝手にズカズカと入り込むのもどうかと思っていると、例のキマ語がまた空から降って来た。

「ちょきまっと！」

見上げると、プレハブの二階の窓からエムが顔を出している。

「ここは友人の会社で、日曜日は二階を間借りしてるんだ」

そう説明した後、エムは改めて言った。

「はキマいって、おキマいで！」

「わキマかりました〜！」

面倒くさいなぁと思いつつも、キマ語にキマ語で爽やかに答えている自分がイヤだった。プレハブの階段をカンカンと上がると、ここにもまた〝シノダ石材店〟と書かれた大きな看板。その隣に申し訳ない程度の小さな看板があった。

〝笑いの科学株式会社〟。

かまぼこ板かと思うくらい小さな板に、子どもが筆で書いたような文字が踊っている。ドアを開けながら「おはようございます」と挨拶する僕。顔を見るなりエムは言った。

「石って、遠足の弁当みたいだろ？」

唐突のひと言になんと言っていいか分からず、思わず黙ってしまう。

「だって、どっちも鉱物（好物）が入ってる」

「なんでなぞかけですか？」

エムは、昨日の赤いTシャツとは打って変わって、スーツ姿だった。

これ以上ないくらいの青、真夏の青空のような、見たこともないような真っ青なスーツだ。もの凄い色だ。僕は目を丸くして尋ねた。

「その服は、舞台衣装ですか?」

「会社の制服だよ」

「制服って、一人しかいないじゃないですか」

「カッコいいだろ」

「趣味が悪過ぎませんか」

「青ネギマンと俺は呼んでいるけど」

「青ネギにしては太すぎるでしょ」

　共感取るのが上手くなったなぁ、トレーニングの賜物だなぁ、とエムはひとりで感心している。

「あんたの制服も用意するよ」

「いえいえ、僕は結構ですよ」

「俺が青だから、黄色でどうだ」

「漫才コンビにしか見えないじゃないですか」

　本当に真っ黄色のスーツを用意されてはたまらない。話題を変えなければと思っているとエムが言った。

「今日は何日か訊いてくれないか?」

「今日は何日ですか?」

「コマニチ!」

「絶好調ですか? それにしてもギャグが古過ぎませんか?」

「冗談はこれくらいにして……」

勝手に会話を切り上げながら、エムは事務所の奥にあるソファを軽く拭き掃除した。続いて大理石のテーブルの上に置かれた、シノダ石材店という名前入りの立派な置き時計を机の下の段ボールに隠した。そして自分のカバンの中から〝笑いの科学株式会社〟と名前の入った小さなデジタル時計を取り出して置いた。

「準備完了だ。ここで相談を受けるから」

あまりに簡単なスタンバイにズッコケそうになりながら僕は尋ねた。

「とりあえず、僕は何をすればいいんでしょうか?」

「俺が相談に乗っている内容を、書面に残してくれるか」

おやすい御用だ。会社の営業会議では当番制で議事録を取っている。

「それともうひとつ、相談内容を入力しながらやってもらいたいことがある」

「なんでしょう?」

「俺が咳払いをしたら、このラジカセの再生スイッチを押してもらいたい」

ラジカセって……、エムっていったい何歳なんだろうと僕は思いながら、CDプレーヤーを受け取った。

「押すだけでいいんでしょうか。一度やってみますね……」

音の確認をしようと思ったその瞬間、プレハブの階段を上るカンッカンッカンッ! という乾いた音がした。再生ボタンを押す指が止まった。

「さぁ、記念すべき、最初の相談者が来たぞ」

エムの言葉に僕は少しだけ緊張した。最後の階段を上ると同時に、乾いた音がストップした。僕の耳には、最後の音だけが試合開始のゴングのように、カーーーンッ! と、こだまして聞こえた。

最初は誰だって、どんなことでも、初めての体験だったはずだ。

青い空も、太陽の光も、緑の葉っぱも、初めて見た日というのが必ずあって、それはきっと真っ白な心の中で、何とも比較できないくらい新鮮で大きな興奮だったに違いない。

いつの間に空は青くて当たり前になったのか、それは残念ながら誰にも思い出すことのできない過去の瞬間だ。寝返りも、立ち上がることも、歩くことも、自転車に乗ることも、一足す一も、僕たちには初めてできた日があった。胸一杯に広がるその時の誇らしい気持ちを、僕たちはなぜか心のどこかの決して取り出せないような場所にしまいこんでいる。

学校生活も、部活も、社会人としての生活も、楽器やスポーツや習い事にもスタート地点がある。スタート地点に立てるということ自体が、可能性の目盛りを無限大にリセットできる素晴らしい瞬間なのだと思う。それは挑戦さえ続けていれば誰にでも可能なことだ。エムのおかげで、この日の僕はそんな記念すべき初めての体験の入り口に立っていた。入り口の戸が開いた。僕だけの記念日がスタートした。


「笑いの科学株式会社さんでしょうか?」

記念日のスタートらしく、景気よく開いて欲しかった入り口の戸は半開きのまだ手前、四割開きで止まった。颯爽と登場して欲しかった依頼者は、ここが目的の場所かどうか自信がないのか、隙間からほんの少しだけ顔をのぞかせながらキョロキョロしている。

なんともまあ、間の抜けたスタートになったが、エムは元気に依頼者を招き入れる。

「ホームページから予約のミヨシさんですね。ヨッ! 待ってました! どうぞ!」

（なんのかけ声だ？）

　ミヨシさんは、歳の頃なら二十代半ばだろうか。シックなワンピースに身を包んだ、ショートヘアの清楚でキレイな女性だった。ホームページにおそらく写真が載っているのだろう、エムの顔を見て安心したかのようにホッとした表情を見せた。

「よろしくお願いします」

　そう言いながら、ミヨシさんは招かれるままに奥まで進み、ソファの席に座った。向かい側にエムが座り、僕は指示通りエムの後ろのデスクに着席した。そして相談内容を入力するパソコンを開き、いつ来るかわからない咳払いに備えて、ラジカセ？　をスタンバイする。ワードを立ち上げて、……準備完了だ。予約を受け付けただけで詳しい内容はまったく知らない様子のエムの質問から、カウンセリングは始まった。

「まず、ご職業は？」

「私、市内の中学校で教師をやっています」

「学校の先生ですか。いいねぇ～」

「そこで、私、一年三組の担任を受け持ったんですよ」

「なんと！　凄いじゃないですか」

「でも、担任を持つのは、実は今年が初めての経験なんです」

「やりますねぇ」

　何がいいのか、凄いのか、やるのか意味不明だ。しかし、乗せられて話し続けるミヨシさんを見ながら、案外わざとらしいくらいでちょうどいいのかもと思えた。後ほどエムはこのことを、ディス・イズ・ザ〝誇張の法則〟と言っていた。

エムが聞き出した情報をまとめるとこうだ。

『ミヨシさんは、市内の中学校で一年三組の担任をしている。初めて受け持つことになった担任ということで、かなり頑張ってきたつもりだが、一学期が終わりに近づいてもクラスがまとまらずに困っている。ベテランの男性教師が受け持っているお隣の一年二組は、リーダー的な人気者がいるせいかまとまりが良い。ミヨシさんはそのクラスとのギャップに悩んでいる。まとまりのある良い学級を作りたい。そして子どもたちに自分が担任として関わった一年間を、良い思い出として残してもらいたい。クラス替えは毎年行われているので、秋の運動会がその最後のチャンスになる。運動会の一大イベント、お昼休みに行われる全クラス対抗応援合戦に向けて、クラスをまとめるためのアドバイスが欲しい』

一通りの説明が終わった後、ミヨシさんは改めてエムに質問した。

「クラスが一致団結するための、何か良い方法はないでしょうか?」

エムはどんなことをアドバイスするのだろう。僕はミヨシさんの言葉を入力しながら興味津々、耳を傾ける。するとエムはゆっくりと言った。

「何か良い方法がないかと訊くなら……」

「はい」

「先生が、子どもたちを盛り上げればいいんだよ」

「盛り上げるですか?」

「そう、テレビでMCをしている売れっ子芸人のようにね」

（……！）

予想外の言葉に僕は驚いた。そんなことできるわけがない。

「えっ！　そんなのできませんよ……」

思った通り、そう答えるミヨシさん。

「それが答えだよ」

エムは即答する。

できないことが答えだと言い放たれて、ミヨシさんは目を開いたまま絶句している。

これはヒドい。これではアドバイスにならない。色んな子どもが集まったクラスを盛り上げるなんて、難しいことには違いない。でも難しくてもなんとか頑張れるように持っていってあげないと、カウンセリングの意味がない。何より笑いの科学株式会社なのに笑えない。ミヨシさんが何かを言おうとする、その機先を片手で制するエム。思わず黙るミヨシさん。そして少しの間をおいてエムは言葉を続けた。

「いいかな？　……できないからあきらめる、っていうんじゃないよ」

「いいえ、あきらめるなって言われても、売れっ子芸人さんのように盛り上げるなんて、私には無理ですよ」

うつむきながら答えるミヨシさんに、エムは少し力を込めて言った。

「できないから、あきらめるのではなく、できないから、できることをやるんだよ！」

「……」

ミヨシさんは無言になった。僕の入力の手が止まった。窓の外から、自転車に乗って通り過ぎる子ども達の楽しそうな声が、妙にハッキリと聞こえた。

「明日もきっといい天気だから一緒に遊ぼう！」

そんな約束が交わされていた。

肉厚な後ろ姿からだけでは、エムの表情は計り知れない。でもきっとこの瞬間、僕の前では見せたことのないような優しい表情をしているんだろうと思った。これ以上ない穏やかな声で、エムはゆっくりとミヨシさんに尋ねた。

「まず何より、必殺技を探してないか？」

「えっ……」

下を向いていたミヨシさんの視線が一瞬上がって、エムの顔を見た。

「こうすれば劇的にクラスがまとまるような必殺の方法なんてあると思う？」

考えてみれば、劇的な成果を手にできる簡単な方法論などあるわけない。あれば誰もがやっているし、悩んでもないはずだ。そんなこと誰だって考えるまでもなく分かる。でも、分かってはいても、知らず知らずにそんな幻想を探すのが人間なのかもしれない。

僕はメーテルリンクの名作、青い鳥を思い出していた。

『幸せをもたらすという青い鳥を探して旅に出たチルチルとミチルの兄妹。二人は勇気の大切さ、信じることの重要性など、様々なことを学びながらいくつかの国を訪ね歩く。しかし青い鳥は、やっと捕まえても色が変わってしまい持ち帰れない。結局、青い鳥を見つけることができなかった兄妹が夢から目を覚ますと、青い鳥は家にいた……』

初めてこの本を読んだ日、僕は子ども心に、旅に出る前に家の中をしっかり探せよとか思ったものだ。でも、今となっては、生きる上での大切なことを教えてくれているメタファーだと思う。幸せなんて直接探しても見つかりっこないのだ。幸せだと思って手に入れたものは、手に入れた時点で、青い鳥のように幸せではなくなるに違いない。幸せとは、正しい努力を積み重ねているうちに、いつの間にかここにあることに気付くもの、正しい努力の積み重ねそのものの中にあるもの、絶対に存在するが決して存在しないものだ。

これは幸せに限らない。自信、信頼、お金だってそうかもしれない。その時々、目の前にあるできることをひとつひとつ正しく積み重ねて行ける人だけが、明るい光の射す方向に向かって進むことができるのだと思う。言うなれば、その実感こそが幸せと呼べるものではないだろうか。

やりたいことがないと嘆く若者をよく目にする。こんなことがやりたかったわけじゃない、と嘆く新入社員の話もよく聞く。やりたいことなんて、そうそう見つかるわけでも、簡単にやらせてもらえるわけでもない。やりたいことが明確にあって、それに邁進できている人なんて、何万人に一人もいないと僕は思う。

高校時代、僕は野球部だった。入部してすぐの一年生の仕事は外野の外野で「オェ～！ オェ～！」と声を出しながら、時々転がってくるボールを拾って投げ返す球拾い。こんなの野球じゃないと何人もの仲間が辞めていった。しかし、後から振り返るとこれも野球のうちだったのだと気付く。目の前にあるものには、理由がある。それなのに、やりたいことはこれではないと単純に否定してしまうと、未来はどんどんと削り落とされ、確実に細く寂しいものになっていくに違いない。何歳になっても僕たちがやるべきことはただひとつ。やりたいことを探すことではなく、できることを探すことなのだ。

できることを正しく、新しく、どんどんと積み重ねているうちに、何かの拍子にそのすべてが線で繋がる瞬間がある。その瞬間が、神様が僕たちを次のステージへと進めてくれる記念すべき瞬間なのである。神様の前に手ぶらで行くわけにはいかない。その時に持っていることのできるアイテムは、今できること以外にない。無意識に必殺技を探しているうちは、間違いなくゴールにたどり着くことはできないのだ。

「必殺技を探しているうちは、絶対に結果は出ないんだ」

エムはそう言ってから、ジッとミヨシさんを見つめた。

「劇的に何かを実現する必殺技を探すことは、白馬に乗った王子様を探すのと同じことだよ。少女のように白馬の王子様が見つからないと嘆きながら一年を終えたいの?」

そんなエムの投げ掛けに、そうはしたくないから相談に来たのだと、ミヨシさんは今にもパリンッと割れてしまいそうな表情で言った。僕は思った。ミヨシさんはきっと優しい女性なのだ。決して強くなくて、本当は上手くできないことが悔しくて自分の部屋の片隅で膝を抱えてシクシクと泣いている。そんな女性なのだと。でも、教師という仕事に対する情熱と、子どもたちのためにと思う心が、今日ここへ彼女を連れて来たのに違いない。少しうるんだミヨシさんの瞳を見て、僕もウルウルしそうになった。

「形のないものを手に入れようと思うときは、ダイレクトに求めちゃぁダメだ。少しずつ、できることをできるように積み重ねていくんだ。そしたら、心配しなくても気がつくと一年三組は素晴らしいクラスになっているよ」

ミヨシさんの力が抜けたように見えた。身体がひと回り小さくなったような気がした。ミヨシさんはうつむきながらボソボソと言った。

「でも、今できることがまったく見えないんです。なのに良い方法論がないとなるともう……」

僕の胸の中に、なんだか、砂鉄が磁石に次々に吸い付いていくような、ワジワジした感情が湧き起こった。なんとかしてあげられないのだろうか。そんな僕の感情を吹き飛ばすかのように、エムは自信満々に、カラッと言った。

「必殺技となる〝方法論〟は存在しないけど、クラスをまとめる〝理屈〟はあるんだよなこれが！」

なんだか、部屋の空気が変わった。

「その理屈を知って、ミヨシちゃんなりにできることを探そう！」

いつの間にか、ミヨシちゃんになったミヨシさんが軽く頷いた。

その姿を見て、ゴホンッ！　と咳払いをするエム。

ゴホンッ！　と咳払いをするエム。

ゴホンッ！　と咳払いをするエム。……！　そうだ！　僕の出番だ！

慌てて再生ボタンを押す。一秒間ほどシャァ～……という〝音がないという音〟が流れた後、聞こえて来たのは何とも文字では表現しにくいのだが、誰もが知っているドラえもんが秘密道具を出す時の効果音だ。

〝チャラララッタ♩　チャー♪　チャチャー♫〟

僕は驚いた。まさか仕込んでいたのがドラえもんの秘密道具登場の効果音だなんて思いもしなかった。そんなことには構わずエムは効果音に合わせて叫んだ。

「前説の理屈～！　三つの要素～！」

この言葉を聞いた瞬間、僕はなるほどと思った。エムがテレビ番組の前説という、本番前に場を盛り上げる仕事を通じて得たという理屈、三つの要素は、今のミヨシさんにピッタリのロジックだったのだ。どうしてそう思ったか？　実は前日の蕾で、僕はすでにエムからそのさわりを聞いていたのだ。

　僕の周囲にタバコの煙が立ち上り、酔っぱらいたちの賑やかな声が聞こえ始めた。僕は蕾での様子を思い出していた。

◆◆◆

　バイトを明日に控えたこの日も、仕事帰りの僕の足は特に理由もなく蕾に向かっていた。特にエムに会いたかったというわけではないが、なんせ他に立ち寄るところがない。金色に輝くナマズのモニュメントを左手に、マクドナルドを右手に見ながら通り過ぎ、川沿いの道を五分ほど歩いた。エムがいるかなと思いながら引き戸を開けると、カウンターは満席。店内ではママがてんてこ舞いで走り回っていた。タバコの煙がモウモウと立ちこめている。サッと店内を眺めてみるとエムの姿はない。お店は忙しそうだし今日はおとなしく帰ろうかとドアを閉めかけた時、あの声が聞こえたのだ。

「ちょきまっと！」

（あれ？）

　声のした方を見ると、エムはカウンターではなく座敷にいた。誰よりも目立つ真っ赤なTシャツが目に入らなかったことが不思議だった。

「カウンターがいっぱいだったから、今日はこっちだよ」

そう言うエムの横で、目を細めてニコニコしているのは、僕のこの町一番の友人コバゾーさんだ。どうしてコバゾーさんかと言うと、常連のみんながコバゾーと呼ぶからコバゾーさんだ。おそらくコバヤシさんだろうとは思うのだが、確認したこともないし下の名前も知らない。電話番号も知らないし、どんな仕事をしているのかも知らない。でも、いつもグレーの作業着を着ているから何かの職人さんなのだろう。僕よりも年上なのは間違いないけれど、そんなに年齢が離れているわけでもない。特に上下関係も利害関係もないお互いの人生の糸が、ナマズの町の端っこを流れる川の近くで交差する。そんな愛すべき瞬間だけ、ここで隣り合って飲めればそれでいいと僕は思う。

コバゾーさんとは、この町に来てすぐに知り合った。誰も知り合いがいないこの町に引っ越して来た直後、ひとりで蕾に座っているとたまたま隣に座ったのがコバゾーさんだった。昭和天皇のような丸いメガネをかけていて、人の良さそうな物腰のコバゾーさんと僕はすぐに打ち解けた。贔屓のチームが違うことが若干問題ではあったけれど、何より二人とも野球が大好きだったのだ。特に何を知っているわけでもないけれど、この町の一番の友達はと聞かれれば、僕はコバゾーさんの名前を挙げるに違いないと思う。

そのコバゾーさんとエムが並んで座っている図は、学校の友達と塾の友達がなぜか一緒に座っているかのような微妙な違和感だった。

「よー、久しぶりぃ～」

そう片手を挙げて挨拶するコバゾーさんは昭和天皇そのものだ。

「このおじさん面白いよねぇ」

エムの方を見ながらそうコメントするということは、おそらく初対面なのであろう。

「元漫才師で、テレビ番組の前説って仕事やってたんだって。俺、本番前に場を作って盛り上げるって、そんな仕事があることすら知らなかったもんなぁ」

そうのんびりと言いながら、コバゾーさんは今吸い込んだ煙を天井に向かってフゥーッと吐き出した。言い忘れたが、コバゾーさんはヘビースモーカーだ。

「場づくりが上手くなると、モチベーションを上げて前向きに行動してもらうことが上手くなるから、営業やマネジメントでも、この理屈は使えるんだよ」

そう言いながら、エムは自分の隣の座布団の表面をパンパンと軽く手で払った。座席のホコリを払うというサインは、おそらく、全世界共通でここに座れという意味だ。

「そんな場づくりには三つの要素が必要なんだよ」

エムの話を聞きながら、僕は駆けつけ三杯、グラスにビールをいただいた。三度目のボトムアップの寸前、エムが言った。

「さて、その三つの要素とは何でしょう？　それが今日の問題です」

「コホッ！　……」

唐突のクエスチョンに、僕はむせた。

「何やってんだよ……」

ブツブツ言いながらも、おしぼりを用意してくれるエムとコバゾーさん。そしてエムはむせ続けている僕に、「共感！　共感！」と強要する。

「……だから、ウォホン……なんでいきなりクエスチョンですか？」

とりあえず口にする僕。

「まぁまぁだな。アクシデントがあってもしっかりタイミング取らないとな。五十点だ」

そう言ってから、エムとコバゾーさんは顔を見合わせて笑った。そんなこと言われても、いつ来ても大丈夫なように準備をしておくなんて難しい。むせるのが落ち着いてから、僕は考えた。

（場を作るために必要な三つの要素……なんだろう？）

「笑いでしょうか？」と答えた僕に、「それは方法論のひとつであって、要素ではない」と真面目に答えるエム。コバゾーさんは「さっき聞いたところだけど、俺はもう忘れちゃったけどねぇ～」と言いながらニコニコ笑っている。放っておいても答えが出ないと思ったのか、エムは言った。

「正解は、〝一体感〟〝集中力〟〝能動性〟の三つだ」

「へ～……、全部漢字三文字ですね」と言う僕に、エムは「そう来るかぁ、ナイス共感！」と軽く言ってから、順に解説してくれた。

「まず、一つ目の要素は〝一体感〟だ」

「一体感？」

「そう、人間の集団が、より良い成果を出そうと思うと〝一体感〟が必要となる」

確かに一体感のある組織とない組織は見るだけで分かる。空気感が違う。言葉を投げ掛けても響きが違うし、行動が違うから、結果が変わって当然だと思う。エムは続ける。

「前説的に言うと、一体感がまだ醸成されていなくて客席がなんとなくバラバラな状態では、舞台の上からどんな大物がどんなジョークを飛ばしてもドンッ！　という爆笑が生まれることはないんだ。お笑いの世界では、客席の一体感というのは前提なんだよ。この一体感を意図的に生み出すのが一つ目の要素」

なるほど……。一体感が集団の前向きな行動の前提だという説明に、僕は納得した。そりゃバラバラな集団よりまとまっている集団の方が何をやるにも良いに決まっている。

「続いて二つ目の要素は、聴き手の〝集中力〟を引き出すことだよ」

そう胸を張って言うエムだったが、僕は思った。

(集中力を引き出すって言っても、そもそも常に集中できないのが人間じゃないだろうか。相手、特に集団を意図的に集中させるって絶対に難しい)

そんな反論を見越してか、エムは言う。

「常に集中できないからこそ、人とのかかわり合いの中では、こちらが集中してもらいたいときに相手の集中力を意図的に引き出すための積み重ねが大切なんだ」

「積み重ねですか」

「そう。前説的に言うと、みんなが一生懸命に舞台を見ている状態を少しずつ意識して作るんだ。最終的に本を読まれたり携帯をいじられていると困る」

確かに集中力を引き出せていない状態では、暖簾に腕押しといった感じになりがちだ。相手の聞こうという姿勢、集中力をあえて引き出すことができたら、営業トークの強力な武器になるに違いない。僕はクライアントの担当者のことを考えた。俄然興味が湧いてきた。

「最後の要素、これが一番効くんだけど、〝能動性〟」

ここで今までなら絶対にあり得なかったことだが、僕は思い切ってボケてみた。

「光合成?」

誰も反応してくれなかったらどうしようという不安は一蹴され、エムが間髪入れずにツッコんでくれた。

「誰がクロロプラストだよ」

僕はホッとした。コミュニケーションは協力関係だと妙に実感した。思い切ってやればなんとかなるものだ。しかし、この微妙な違和感は何だろう。微妙に共感が取れていないような気がする。クロロプラストって……。そんな僕の様子を見ながら、エムは続ける。

「今のは、共感と見せかけて、裏切ってるんだよ」

「そうなんですか？」

「そう、高等テクニックだよ。共感を取っているはずなんだけれど取れていない。だから放っておいちゃダメなんだ。さらに共感を差し込む必要がある」

「はぁ……、どう言えばいいんでしょうか」

「例えば……、普通に葉緑体と言えませんか？」

「難しいじゃないですか」

「そうだよ、だから笑いには知識も必要なんだよなこれが」

そう言いながら、エムは短い腕を組んでうんうんとひとりで頷いている。そしてドリフのカトチャンの物真似をしながらつけ加える。

「勉強しろよ～♪」

微妙な物真似にも関わらず、コバゾーさんはニコニコと乗っかる。

「ババンババンバンバン♪」

僕には昭和過ぎてついていけない。最後にエムは「ハァビバノンノン♪」とつけ加えて会話を元に戻した。

「だから、光合成ではなく能動性だよ」

「能動性？」

「そう、相手が引いているような感じではなく、グイグイ来る感じを意図的に作るんだよ」

「あぁ……」

少し腑に落ちた。確かに営業していて一番困るのは、相手の反応がない時だ。マザー・テレサが愛の反対は憎しみではなく無関心だと言った意味が、営業をやっているとよく分かる。何を言っても反応が薄かったり、聞いているのかいないのか分からないようだったりする時に結果がついてくることはまずない。例えネガティブな反応でも、ないよりはある方が絶対に良い。相手が自分から質問してくれたり、興味を持って自分から色々話してくれたりするに越したことはない。コバゾーさんが口を挟む。

「確かに〜、お互いに目も合わせないで、自分のやることだけをやっているような職場はダメだねぇ。自分から話しかけないとねぇ。そういう土壌にホウレン草は育たないよぉ」

報告・連絡・相談を意味するホウ・レン・ソウとかけて上手いことを言う。

「前説的には、無理やり連れてこられたようなおじさんでも〝せっかく来たんだからワシも楽しもう〟という心の向きにするんだよなこれが」

なるほど……。

「この違いって、言葉にするとちょっとした違いだけど、ホント、舞台の上からだと、見て分かるくらいに違うんだよ」

確かに、笑う気満々のおばちゃんの集団と、怖い顔をしたおじさんの集団では、舞台に立った時点で、何もかもが違ってしまうだろう。

「一体感、集中力、能動性という三つの要素を意図的に生み出すために、前説が何をやっているのか？　それが前説の理屈なんだよなこれが。それを実行するだけで、場が変わって良い組織が誕生するんだ」

そんなエムのまとめのひと言をキッカケに、なんだかよく分からないけれど、ここでコバゾーさんが突然「おめでとーー！」とビールジョッキを持ち上げて大きな声で叫ぶものだから意味も分からず乾杯した。三つの要素は分かったが、その生み出し方を聞くことはできなかった。だから、僕は酔っぱらいが嫌いだ。

◆◆◆

酔っぱらいの喧噪が小さくなり、タバコの煙が少しずつ消えていくにつれ、僕の意識は目の前のカウンセリングへとゆっくりと戻ってきた。

少し陽も傾いてきた。エムがあまりに一生懸命に三つの要素について語るものだから、ミヨシさんはずっと聞き入っている。ミヨシさんはひとりで考えている。記録を取る僕の手はしばらく止まったままだ。

「一体感、集中力、能動性を、私の学級で生み出せばいいってことですよね……」

ミヨシさんは身体の奥から言葉を振り絞った。

「まさにそういうこと。そのために何をやっているか、俺は色んな前説を観察したよ」

エムの観察によると、落語家さんの前説はくどいくらいに小咄を、ＡＤさんの前説はしつこいくらいに拍手の練習をさせるらしい。

「一見バラバラだけれど、まとめるとこのひと言だ」

ゴクリとツバを飲み込むミヨシさん。

昨日聞けなかった三つの要素の生み出し方に興味津々の僕。

ゴホンッ！　と咳払いをするエム。ゴホンッ！　と咳払いをするエム。

……！　あぁ、そうだ！　また、僕の出番だ！

（分かりにくいよこのサイン！）

そう思いながら、僕は慌ててCDプレーヤーの再生ボタンを押す。一秒間ほどシャァ～……という〝音がないという音〟が流れた後、今度聞こえて来たのはドラムロールだった。

〝デレデレデレデレ♪、デレデレデレデレ～♪、デレデレデレデレ～～♪、デデン！〟

（いるのかこんな効果音？）

「発表します！」

（なんなんだ？）

「プラスの行動を、あえて、一緒にする」

（それだけ？）

僕は驚いた。プラスの行動を一緒にって、それだけで場に三つの要素が生み出されるって本当だろうか。エムは手足をジタバタしながら補足する。

「プラスの行動というのは、良い状態や理想の状態の時に飛び交っている〝アクションや言葉や態度、すべてのものだと思えばいいんだよ」

エムによると、〝前説が登場する〟　↓　〝ジョークを言う〟　↓　〝笑う＝プラスの行動〟　↓　〝場ができる〟、ということになるらしい。みんなで笑うだけで一体感が醸成され、集中力が引き出され、能動性が生まれるって、理屈は思った以上にシンプルだ。

「プラスの行動を、あえて、一緒にする……」

そうリピートしたミヨシさんの顔が、一瞬パッと明るく輝いた。

「確かに、始業式の後、まだよそよそしいクラスの雰囲気が、新しい担任のジョークひとつでキュッとまとまる感じがありますね！　担任を持っている先生はみんなやっています」

「そうそう、それそれ！」

エムはここぞとばかりに、激しく同意する。そして続けて尋ねた。

「ちなみにミヨシさんはどんなジョークをやるのかな？」

身を乗り出す僕。そしてミヨシさんが答える。

「私の場合、まず自己紹介がてら、先生の名前は……、と言いながら黒板に大きく漢字で自分の名前を書きます。そして言います。〝まつだせいこ〟です」

「なんだそりゃ？」

ドテッとソファから落ちるエム。ミヨシさんって、案外昭和なんだ。一度授業を受けてみたいと思う僕。すぐに起き上がりながらエムは言った。

「だから、クラスのみんなで一斉に笑い合えるような機会を持てるのであれば、それがクラスをまとめるために有効な方法論であることは間違いないんだよなこれが」

「でも、常に笑い合うなんて実際は難しいですよね」

そう言いながらまた肩を落とすミヨシさん。その姿を気にせず、エムは続ける。

「でも、これがすべてではないという言い方も、間違いなくできるんだよなこれが」

「そうですよ！　ＡＤさんは拍手の練習ですもんね！」

思わず中腰になって口を挟んでしまった僕を、エム越しに見るミヨシさん。少し笑顔だ。

先ほどの理屈に重ねると、〝ADさんが登場〟↓〝拍手の練習〟↓〝拍手＝プラスの行動〟↓〝場ができる〟ということになる。みんなで一斉に拍手をする機会を作ることくらい、先生ならいくらでも工夫できるはずだ。

「大事なことは観察だよ。難しいことはできないからね。まずは良い状態のときに飛び交っているのに、悪い状態のときには飛び交っていないことを探すんだ。良い雰囲気のクラスがやっているのに、一年三組がやっていない簡単なプラスの行動だと思ってもいい。あれは二組だからできることだとか言って片付けず、観察して言葉にするんだ。それが今できることだよ」

エムの言葉に、ミヨシさんは息をすることを忘れたかのようにジッと考えている。少しの沈黙の後、ミヨシさんはポツリと言った。

「朝礼の後、ハイタッチでもやってみようかしら」

その言葉を聞いて、エムが右手を握りしめるのが見えた。

「そう！　そこからスタート！　最初はいくら盛り上がらなくても、どんなことがあっても一ヶ月間継続してみることを忘れないで。それからまた来てもらっていいかな」

そう言って、エムは両手を高く挙げて、手のひらをミヨシさんに向けた。ミヨシさんは、エムにハイタッチした。

「イェイッ！」

楽しそうだったので、僕も混ぜてもらった。僕たちは何度もハイタッチを繰り返した。

「俺が住んでいるのはイェ〜イ」

ハイタッチの最後は、エムのダジャレで締めくくられた。反応するに値しないくだらないダジャレのはずなのに、僕もミヨシさんもそんなエムのダジャレに「イェ〜イ！」と満面の笑顔で応じていた。確かに場が行動を変える。ディス・イズ・ザ〝場づくりの法則〟だと僕は実感した。

ミヨシさんが、階段を下りていく音が聞こえる。段々と小さな音になるのがなんだか少し寂しい。三人で濃厚な時間を過ごした証だろうか。

「これで、一年三組は良くなりますかね」

総括する意味を込めて僕は言った。

「心配しなくても大丈夫だよ」そう返って来ると思っていた僕の予想は裏切られた。

「まだ五分五分以下だな」

「五分五分以下ですか？」

「そう。成果を手に入れるための〝三段階のステップ〟をまだ伝えていないからな。でも、それは一ヶ月間、しっかりハイタッチを続けてからだ」

そう言ってからエムは、〝笑いの科学株式会社〟と書かれたデジタル時計をカバンに戻し、シノダ石材店の立派な置き時計を元の位置に戻した。どうやら今日は、もう店じまいのようだった。

（三段階のステップ……？）

僕の頭のど真ん中では、新しい疑問がとぐろを巻き始めていた。

（一体感、集中力、能動性、三つの要素の次は、三段階のステップか……）

そう言葉にしてから、僕はゆっくりフーッと息を吐いた。

（まだまだ道のりは遠そうだ……）

そう思っただけで、なぜか少しだけ可笑しくなった。口元が緩んだ。机の上では元の位置に戻されたシノダ石材店の立派な置き時計が、今は夕方だと示している。なんだかんだと、四時間以上ミヨシさんと話していたことになる。

どれだけの時間がかかるか分からないので、カウンセリングは一日一人と決めているんだとエムは言う。確かに、三十分とか一時間とか時間を区切られた中では難しいだろうと僕も思った。帰り支度が整うと、エムは「せっかくだから行くか？」といたずらっぽい笑顔をこちらに向けた。僕には、蕾のことだとすぐに分かった。

「大切な大切な三段階のステップ、あんたには飲みながら教えてあげるよ」

僕はもちろん、二つ返事でＯＫした。

5 ― 蕾

バイト初日は、無事に終わった。

シノダ石材店を出る時に、エムが「俺、あれが欲しいんだよな」と言いながら指差した先にはバイキンマンの石像があった。どこに飾るつもりだろうか。しかもなぜバイキンマン？　エムのセンスはよく分からない。エムが徒歩なので、僕も自転車を押しながら並んで歩いた。自転車を押しながら長い距離を歩くなんて、何年ぶりだろうと僕は思った。

僕たちは、ナマズの町の端っこを流れる川沿いの土手を歩いた。ところどころにある注意喚起の看板に描かれた、カッパのイラストが怖かった。エムはカッパのイラストを指差しながら、「この顔はないよな。俺がカッパだったら市役所に行って抗議してやる！」と大きな声で言っていた。「声が大きいですよ」と言う僕に「マイノリティほど声がデカいんだよ」と政治家のようなことを言っていた。

改めてこの川を眺めると、水深があるからだろうかあまり表情がない。水はいつも濁っていて底が見えないし、どっちからどっちへ流れているのかも分からない。土手にはモグラがボコボコと開けた穴がいくつもあって、その周りにはモグラがかき出した土がコンモリと積み上がっている。お店屋さんのカキ氷のようにフワフワで、モグラの穴ですよとアピールするのにちょうどいいくらいの量だ。通る人が踏みつけるからだろうか、明け方にはたくさんあるそのフワフワの土が夕方にはほとんどなくなる。だからモグラが生きている証は夕方には消えてなくなってしまう。

「小学生時代にオグラくんって友達がいてさ、あだ名が〝モグラ〟だったんだよな」

エムはどうでもいいようなことを思い出して教えてくれたが、僕のクラスにもオグラくんはいて、彼も同様に〝モグラ〟だった。

「全国的にオグラくんは〝モグラくん〟なんでしょうかね?」

他愛のない会話をしながら僕とエムは歩いた。笑いの科学株式会社から蕾までは、僕の家を超えてさらに五分。トータルで二十分ほど歩くことになる。土手を歩く人はほとんどいない。貸し切りの土手は、僕とエムだけに用意された舞台装置のようだった。川の向こう、隣町の家々の上にゆっくりと落ちていく夕陽は、人が作った舞台装置というにはあまりにも美し過ぎた。

日曜日の蕾は、満席の心配がほぼない。ママもカウンターに座ってテレビを見ながらプッカリとタバコをふかしたりしているのだからのどかなものだ。ママの「おかえりぃ〜!」は舞台劇で言うと場面転換の効果音、明転の合図だ。カウンターのやや奥の席に、僕たちは板付いていたかのように並んで座っていた。エムを見るなりママは、「またエラく派手なスーツだねぇ」と物珍しそうに眺めながら、「似合ってるけどね」とメチャクチャなお世辞を言った。改めて真っ青のスーツを見ると、この居酒屋さんの雰囲気とはこれ以上ないくらいにアンバランスだ。

（この人は、家からこの格好で来て、この格好のまま帰るんだろうか？）

　僕は本気でセンスを疑った。

「たまには歌でも歌いますか？」

　そう誘ってみた僕に、エムは答えた。

「歌はダメだよ、医者に止められてるんだ」

　そんなワケないだろと思いながらも、上手い断り方だと思った。後で聞いた話だけれど、エムは色んなシーンを想定して、こういう返しを普段から考えて用意しているのだと言う。そう言えば、誰かに「凄いですねぇ」なんて賞賛されると、エムは必ずこう言う。

「凄くなんかないですよ。凄かったら、今ごろメジャーリーグで投げてますよ」

　なんの話だと思うのだけれど、「いやぁ……それほどでもないですよ～」といい大人がモジモジするよりはよっぽどいいと思う。

「アドリブは練習しておかないとな」

　これも、僕が大切にしているエムの口癖のひとつだ。咄嗟の返しのように見えて、実は普段から準備されている返し、それがアドリブ。だから、準備さえしていれば誰でも簡単にできるものだとエムは断言していた。ディス・イズ・ジ〝アドリブの法則〟。いつも頭の中でシミュレーションして、自らのアクションを考える。だから咄嗟に身体が動いたり、言葉が出たりする。プロとはそういうものに違いない。プロというのは、ただ職業として取り組む人ではなく、しっかりと準備をしている人を賞賛する言葉であるべきだと思う。

初出勤お疲れさん！　とビールジョッキをぶつけると、動物同士がツノを突き合わせるような音がした。

「今日はいい仕事しましたね」

ビールをグイッと飲んで、二人でプハァーッ！　とやってから僕が賞賛すると、それには直接答えずにエムは言った。

「なんとか、いい先生になってもらえたらなぁ……」

その言葉に僕も心底同意した。

「でもミヨシさんってキレイな方でしたよね」

そう言いながら、ストライクゾーンのど真ん中だと思った僕にエムは釘を刺す。

「だけどあんた、女性に対してストライクゾーンだとか思っちゃダメだぞ」

心を見透かされたようで、フリーズしてしまう僕。エムはいつも見事なくらいに僕の心の中を読む。

（そうだ、ディス・イズ・ザ・メラビアンの法則だ……ジュワッチ！）

そして気持ちを立て直してから、僕は尋ねた。

「確かにストライクゾーンは失礼な言い方ですよね。どう言えばいいでしょう？」

「ホームランボールだな」

「余計に悪いじゃないですか」

品のない会話で申し訳ないが、正直に言うと男同士二人っきり……、こんなものだ。

ママ手書きの〝今日のメニュー〟に目を通しながら、エムは三百円也の焼きサンマを注文した。

そして、少し身体をこちらに向け直してから言った。

「あんたには、三段階のステップ、あらかじめ説明しておくよ」

ママは、エムが注文したサンマを焼くために厨房に消えた。ガスに火をつける音が聞こえた。そして冷蔵庫を開ける音……、続いてサンマの〝アツッ！〟という叫び声が聞こえたら面白かったが、さすがにそれはなかった。


「それでは大事な三段階のステップを説明する前に」

「なんでしょう？」

「ここで問題です」

「どうしていつも唐突にクイズですか？」

クイズを出す時のエムは、右斜め前方を向きながら、顔と胸はこちらに向けたような状態だ。手はカンフー使いのようにハの字になっていて、満面の笑顔。そんなクイズの司会者のような姿にも慣れて来た。

「人間の行動の何パーセントが無意識の行動でしょう？」

また難しいというか、なんとも微妙な問題だ。

「無意識の行動ですか？」

「そう」

「心臓を動かすとかでしょうか？」

「確かに意識して心臓で三三七拍子はできないな」

「できませんよね」

「そういうのではなく」

「はい」

「やろうと思ってできる行動の中で、無意識に行っている行動の割合だよ」

「う〜ん……、ま、半分くらいでしょうか？」

「ブッブゥッ！　ホワッホワッホワッ♪　ホワワワァ〜ン♪」

「昭和の効果音はやめてもらえますか？」

「正解は九十パーセント以上です」

「マジですか！」

「そう。例えば感心した時、へぇ〜！　と言おうと思って言う人はいないだろ？」

「確かにそうですけど……」

「頷こうと思って頷くとズレる。誰もが絶妙のタイミングで無意識に頷く」

「ま、それも確かにそうですね」

「もう少し能動性の高いアクションとして、誰かの家の呼び鈴を鳴らすシーンを想像してみたらどうだ」

　そう前置きしてから、エムは言う。

「このブザーに最適なのは、これくらいの力加減、なんて考える人いるか？」

「いるわけないですよね」

「無意識に完璧な力加減で、過不足なく押している」

　確かにその通りだ……。

「その証拠に、毎回ツキ指をする人はいないんだなこれが」

「当たり前じゃないですか」

「つまり、人間は九割以上の無意識の部分で色んなことを考えて、計算して、そして知らず知らずにやってしまっている」

「はい」

「それなのに、九割以上の無意識を除外して色んなことを考える」

おぉぉぉ……。そう言われてみればそうかもしれない。確かに相手の無意識を意識しながら営業する営業マンには会ったことがない。

「仕方がないことだけれど、それが最初で最大の欠落なんだよ」

ビールに口をつけながら、確かに正論だと僕は思った。まず何より、意識した時点で自分の無意識は無意識でなくなる。鏡を見ていない自分を鏡で見ることができないように、例え無意識を自覚したと思っても、それは無意識の影ですらないのかも知れない。接客している人に笑顔が大事かと聞けば、大事だと即答するに決まっている。営業マンに誠実さが有効かと聞けば、有効だと答えるに違いない。そんなこんなを分かっていても意識できないのが人間なのである。百パーセントの笑顔が必要だと分かっていても、無意識のブレーキのおかげで八十パーセントになるくらいは日常で、ひどい時には二十パーセントやゼロパーセントになっていたりするのだろう。これをできる限り底上げすることが人生を好転させるための最強の方法論、ディス・イズ・ザ〝無意識の法則〟だとエムは言う。

「そのためにできることはただ一つ、〝良い当たり前〟を増やすことだよ」

これも僕が大切にしているエムの金言のひとつだ。

「良い当たり前が増えたという実感が、やればできると思える人間を育てるんだ」

エムはそう言った後、ひとり言のように続けた。

「クラス作りでも営業成績でも子育てでも、自分に対しても周囲に対しても、人は意識できるほんの数パーセントの部分に取り組みを詰め込んでしまいがちなんだよ。後から振り返ると上手くいかなかったという状態を自分で予め作っているようなものだ。だって意識できないんだからね」

その言葉を聞きながら僕は思った。だからミヨシさんには、クラスの良い当たり前を生み出すことを目的に、ハイタッチだけを持って帰ってもらったのだと。良い当たり前の誕生を実感するためのツールは、確かにひとつで十分だ。

「そもそも、行動のほとんどが無意識なんだから、良い当たり前を作らないと結果なんて出ないんだ。無意識の部分に取り組みを刷り込むために不可欠なのが、今から言う三段階のステップなんだよなこれが」

良い当たり前って、確かに万能かもしれない。そう思った僕を、子どもを見るような優しい目で眺めながらエムは言った。

「その良い当たり前も、日々変化していくところがくせ者なんだけどな……」


サンマが焼き上がってきた。焦げ具合が絶妙にいい感じで美味しそうだ。

エムはサンマの身をお箸でほぐすことなく、ノータイムでいきなり背中にかぶりついた。予想外の行動に、サンマが〝アァッ！〟と叫びはしなかったが、エムはサンマをくわえたままこちらを見た。僕は思ったままを口に出した。

「ネコですか？」

「ニャンだって？」

さすがの即答だ。エムは続ける。

「俺ホントに魚が好きなんだよな……」

その言葉通り、エムはその後十分ほどかけて、サンマをピカピカになるまでしっかりと食べた。その間、珍しくほとんど口を利かなかった。エムを静かにさせるには魚……、僕は心のメモ帳にしっかり書き込んでおいた。骨格標本のようになってしまったサンマの骨をまだつつきながら「美味しかったよ～、このサンマ！」と大きな声で賞賛するエムに、ママが厨房の中から「ありがとうねぇ～！」と答えた。そしてエムは箸を置き、少し僕の方に向き直って言った。

「ごちそうサンマ」

「面白くありませんけど」

くだらないダジャレだったので、あっさりブロックして見せた。

「で、何の話だっけ?」

ウケないことが織り込み済みであったかのように、エムはケロッとしている。

「少しはウケなかったことを反省してくださいよ」

そういう僕にエムは言う。

「いやいや、ウケなくて焦ると、相手に焦りが伝わって、空気は坂道を転がるようにどんどんと悪くなってシーンとなる。こっちも顔が引きつって、結果、修復不能になる」

「確かにそういう経験、ありますけど」

「だから、仕事でも日常会話でも、相手の感情を動かそうと働きかける以上、失敗しても予定通りだという表情でドーンと胸を張る。それがプロ」

「そんなものでしょうか」

「そうだよ、それを力ずくで笑いに転化するのがスベリ芸だ」

「はぁ……、そんなことより、良い当たり前を作るための三段階のステップですよ、三段階のステップ」

そう言う僕にエムはあっさりと答えた。

「あぁ、一、決定、二、継続、三、実感」

「雑な説明はやめてもらえますか?」

「まぁ、食事で例えると、お茶碗、お皿、お箸、みたいなもんだなこれが」

「例えがよく分かりませんよ」

「食べ物があっても、この三つがないと食事が始まらない」

「分かりますけど、話が余計に分かりにくくなってるじゃないですか」

「あんた、そう言うけどな、聞き手の予測をだな……」

この後、数分間の会話もまた、紙面の都合で省略させていただく。


この時エムが教えてくれた三段階のステップは〝一、決定、二、継続、三、実感〟。

本当になんてことのない三つの言葉だ。正直なところ、エムの口から初めて聞いた瞬間、なんだそんなことかと軽く思った。でもこの三段階のステップ、よくよく考えてみるとかなり深くて凄い。僕たちは色んなことを難しく考え過ぎなのかもしれない。この世の真理はいついかなる時もシンプルかつ美しいもので、どんなに難しいことも、どんなにツライこともその積み重ねに過ぎない。もつれた凧糸をほどくように、少しずつでも信じて続けていれば必ずすべての人の運命は好転する。エムはそう伝えたかったのかもしれない。

一生懸命に、本当に一生懸命に語る時限定なんだけれど、エムは色白で下半身デブで奇妙な髪型の外見とは違って、カッコ良く、眩しく輝いて見えた。そう、まるで輝く黄金のミジンコ……褒めてないか。

初バイト終了後の蕾で、サンマ臭い息を吐きながら、エムは熱く語っていた。

「順番に説明するとだな、無意識に刷り込むための最初のステップは、決めることだ」

サンマの臭いがたまらないので、僕もサンマを注文した。こういう時は、同じものを食べるに限る。

「何もやらないと何も変わらないのは当たり前だよな」

「はい」

「ということは、何かをしなければならない。その何かが問題だ」

「そうですよね」

「つまり、できることをやるしかない」

「確かにそういうことになりますね」

「なのに、ほとんどの人は、できることをやると決めないんだなこれが」

〝できること〟という表現はあまりに漠然としていると僕は思った。そんなことにはお構いなく、エムは続ける。

「みんな、できないことを探して見つけられず、できることをやると決めない。だから変われないんだよ」

「やると決めないのは、とりあえず何をしていいやら分からないからじゃないでしょうか」

「何をしていいか分からないのは、決めることを探すからだよ。探しちゃダメだよ」

「探さないと見つからないじゃないですか」

「いやいや、探すから見つからないんだよ」

　まるで禅問答だ。エムは続ける。

「そうではなく、あるんだよ頭の中に。それを言葉にして、文字にして、頭の外に出すことができるかどうかなんだなこれが」

　そう言うと、エムは最後のビールをグビリと飲み干した。僕もタイミングを合わせるようにちょっと無理して一気に飲み干した。僕たちの前にはあらかじめ、水割りグラスが二つと僕がキープしている焼酎のボトル、それに水とアイスペールに入った氷がセットされている。とりあえずのビールを飲み干した後、僕がアイスペールを手にしてグラスに氷を入れるのを合図に、エムが焼酎を入れる。その後に僕が水を入れて、最後にエムが二つのグラスを撹拌して焼酎の水割り二つが完成だ。我ながら無駄のない見事な共同作業だ。

　ビールジョッキのゴツンッ！　という音より一オクターブほど高い、水割りグラスのガチッ！　という乾杯の音で、第二部の水割りタイムがスタートした。水割りグラスにチビリと口をつけてからエムは言う。

「そもそも必死で探してやっと見つけられるような方法論は、見つかってもできないんだよ。世の中に、凄い取り組みをやっている人は一人もいないと断言するね」

「いるんじゃないでしょうか」

「いやいや、たとえそう見えたとしても、その人にとってはできることをやっているだけの当たり前のプラスαに過ぎないんだなこれが」

　う〜ん、確かに人は誰でも、自分にできることしかできない……。

「良い当たり前を作るための一つ目のステップは、まず当たり前を言葉にしてやると決めることだ。答えは頭の中に山ほどある。言葉にしてやると決めることが最初の一歩」

　エムはそう強く断言したあと、厨房の中を覗き込むような素振りを見せた。

「ママは僕のサンマを焼いている最中だと思いますけど」

　そう言った僕に、エムは笑いながら答えた。

「腹が減ってるから、追加で何か頼みたいんだよ」

　僕は、きっとまたカキフライだろうなと思った。


「三段階のステップの二つ目は、続けることだな」

「継続は力なりって言いますけどね」

　僕の相づちと被せるように、エムは大きな声で予想通りにカキフライを注文した。ママが厨房の中から、「あいよぉ〜！」と返事した。

「行動心理学でちゃんと言われていることだが、三週間の継続が○○を◎◎にするんだ」

「なんで伏せ字ですか？」

「これが今日の第二問」

「またクイズですか？」

「チック、チック、チック」

「……分かりませんよ。教えてください」

「正解は、三週間の継続が〝行動〟を〝習慣〟にする」

「おぉぉ！　確かに、日本に住んでいて初対面の人とハグしたり、別れ際にホッペにキスしたりしませんけど、アメリカに行くとやらざるを得ませんよね」

「そうそう！　最初は違和感があってもすぐに慣れて当たり前になるだろ？」

　確かに、ハグに限らず、良いも悪いも続けているうちに当たり前になってしまっていることがよくある。ジョギングを続けていると、走れない日はなんとなく気持ち悪い。最初は抵抗があったはずなのに、いつの間にかポイ捨てが当たり前になっていた自分に気付いて反省した経験が僕にはある。スイマセン。

「この前なんて、怖い顔した社長にカウンセリングでこの話をしたら、社長が怖い顔をひきつらせながら言うんだ。『明日から、ワシも、社員の顔見て、ニコニコしますわ』」

「社員は逆にビビるでしょうね」

「そうだよ。それはやめた方がいいって止めると、怖い顔をもっと怖くして怒ったよ。『何もしなけりゃ何も変わらないって言っただろ！』って」

「そういう時はどうするのでしょうか？」

　僕の質問にエムは即答した。

「理想の状態の時にやっていることは何かを聞き出すんだよ」

　エムはこれを黄金のクエスチョンと呼んでいる。自分や周囲の人に対して、ことあるごとにこの質問を投げ掛けるように、エムは口酸っぱく僕に言った。エム曰く、理想の状態の時にやっていることを言葉にしてもらい、実際の行動としてあえて行う工夫をするだけで、周囲が自動的に理想の状態に向かうのだという。ディス・イズ・ザ〝黄金のクエスチョンの法則〟なんだとか。

「この社長の場合は、理想の状態だと社員を褒めているって言うんだよ」

「行動に落としやすいですよね。いいじゃないですか」

「いやいや、このままじゃダメなんだよな」

　エムは大きくかぶりを振る。僕には何がダメなのかが分からない。

「抽象性が高いんだよ……。取り組みを行ったか行わなかったか、誰でも客観的に判断できるものでないと、どんどんと曖昧になる」

「そんなものでしょうか」

「そう、そしていつの間にかシュルシュル～ってなくなるんだ」

「シュルシュル～ですか？」

「そう、シュルシュル～」

　擬音のセンスは微妙だがイメージはできる。明確に、取り組みを行ったという日を積み重ねていく必要があるのだとエムは両手を握りしめる。

「例えば、喫茶店で見かけたことがあるんだけど、〝私のCS宣言！　笑顔で接客！〟。これはいいことなんだけど、取り組みとしてはNG」

「確かに、笑顔で接客というのはやったかやっていないかが少し曖昧ですね」

「ネクタイを褒めてから商談に入る、これはOK。毎日の仕事を楽しむ、これはNG」

「なるほど。では、さっきの社長の場合はどうすればいいんでしょうか？」

「数を決めてもらうのが一般的だよ。一日五回、社員を褒める、これなら明確だ」

　しかし、根本的なことに立ち返るようで申し訳なかったのだが、一日五回社員を褒めるだけで、本当に環境が良くなったりするものだろうか。率直に尋ねると、エムは答えた。

「騙されたと思ってやってみるといいんだよ。大切なことは、分かってやった上で、習慣に落ちたことを実感することだよ。この実感が継続の推進力になる」

「なるほど……」

「最初は絶対に歯が浮くぞ。そりゃ言ったこものないのに、〝おい、素敵な、ネ、ネ、ネネ、ネクタイだな〟ってどうだ?」

「確かに聞いている側も違和感ですよね」

「でも、三週間かからないうちに習慣になる。習慣になると、褒めるところを見つけることが当たり前になる。褒める行為自体にも違和感がなくなる。褒められるのも当たり前になる。端から見ると、変わったよな」

「確かに」

「つまり、自分が変わるためには、自分を変える必要はどこにもないってことだよ」


エムがそう言うのが合図だったかのように、ママが厨房から出てきた。

僕のサンマが右手、エムのカキフライが左手、仲良く同時に登場だ。

「カキフライひとつとサンマの上半身、替えっこしないか?」

「イヤですよ」

(だいたい、上半身って、サンマのどこだ?)

エムの提案を断って、僕はサンマの側線に沿ってお箸を入れ、身を割る。

エムは相変わらずカキフライをソースでベチャベチャにしている。

僕はサンマの内臓は食べない。だから内臓はそのままに、肋骨の上についている薄い肉の部分を頑張って剥がして食べるのだが、これが張り付いていてなかなか大変だ。いつものように、内臓の黒い部分と肉とを剥がしていると、エムが目を剥いた。

「あんた、内臓食べないのか！」

エムは筆でチョョチョッと描いたような目鼻口を使って、精一杯の驚きを表現した。それは〝驚天動地〟という四文字熟語がピッタリ当てはまるような表情だった。

「苦いので、あまり好きじゃないんですよ」

そう答える僕に、エムは内臓が苦いのは当たり前だろ、その苦さが美味しいのに、リンゴの皮だけ食べて中身を捨てるようなものだ、いや、あんたはピーナッツの皮を食べて身を捨てるのか？　アメージングだ、アンビリーバボォだ、とうるさいくらいに干渉する。僕は気にせず、僕なりにサンマをきれいに平らげた。


「で、なんでしたっけ？」

話題転換を図る僕に、エムは不服そうなまま乗っかる。

「そうそう、自分が変わるためには、自分を変えなくていいんだよ」

そしてその後、エムは徐々に機嫌を直しながら力説してくれた。

「変えようと思った瞬間に、◯◯しちゃダメだという否定の概念が芽生えるんだなこれが。否定の上に乗ると行動がマイナスに向くから改善は難しくなるんだな。だから、認めた上でつけ加えるんだよ」

（認めた上でつけ加える……）

心の中で反復する僕。

「そう、だから子どもは認めろ、褒めろって言うんだよ。大人も同じだけどね」

「なるほど……」

「三週間の継続が良い習慣を生み出し、良い当たり前が誕生する。良い当たり前の作り方、簡単だろ？　継続あるのみだよ。そしてまた次の良い当たり前、そのまた次の良い当たり前……。旧き良くない当たり前と、新しい良い当たり前が共存できないことはいくらでもあるから、淘汰されていくんだよなこれが、ディス・イズ・ザ〝人材育成の法則〟」

確かに理屈として筋が通っている。

「そう、つまりネガティブではなくポジティブに、能動的に勝手に変わっていくんだな。このサイクルを自転させることが、笑いの科学株式会社の最大の肝なんだよ」

（三週間の継続か……）

僕の中の今まで光が当たっていなかった部分に光が射した、そんな気分になった。

エムがいつまでもジロジロと見るので、ママにサンマを下げてもらった。

僕に内臓を食べさせることをあきらめたエムが言った。

「最後の大切なステップが、数ヶ月に一度でいいから進歩を実感することだよ」

「進歩の実感ですか？」

「そう、炭水化物を減らせば痩せると言われて頑張ったのに、半年たって一グラムも痩せなかったら？」

「やってられませんよね」

「それと同じだよ。俺だったらその夜、五合は食べるな」

「食べ過ぎじゃないですか」

「お米、好きなんだよなぁ〜。あぁ、コンバインになりたい」

「稲ごとですか！」

「……というように」

「はい」

「せっかくの取り組みを逆効果にしてはならない」

確かにそういうことはよくある。せっかくダイエットしようと思って頑張ったのに、あきらめた途端、逆に太ってしまうような経験だ。

（そんな時って何が足りないんだろう）

そう思う僕の疑問に答えるようにエムは言う。

「まずは十点の状態がいきなり九十点になるように、短時間で状態が劇的に変わることはない、という当たり前を自覚する」

「はい」

「でも、十点の状態は十一点にすることはできるわけだ」

「そうですね」

「それに気付けるか、我慢して続けられるかどうかだよ」

「理屈ですよね」

「そのために有効なのが、相手の感情をプラスに向けるアクション、笑いの働きかけをあえてプラスαしているんだから、下に向いているワケがないという自信なんだよ」

「なるほど」

「そして、十一点にした人だけが十二点にできる。十二点が十三点……十五点くらいになった時点で、振り返ってみる」

「はい」

「最初は無理やりでいいんだ。〝最近仕事が楽しくなったような気がする〟だとか、〝なんとなく周囲が明るくなったような感じがする〟だとか、言葉にして納得できるかどうかが次に進むためのポイントなんだな。ディス・イズ・ザ〝進歩の実感の法則〟」

僕自身、過去を振り返ってみると、何かをやってはみたけれど、特に何も変わらなかった、とフェイドアウトしてしまうことを山ほど繰り返してきたような気がする。それこそエムの表現をそのまま引用すると、せっかくの取り組みをいつの間にかシュルシュル〜と曖昧にして、二度と取り出せない心のクレパスの中に放り込み続けてきた。でも、進歩の実感って、正直なところ難しいと思う。

「それは心の持ち方、感性の問題だよ」

エムはあっさりそう言う。

「よい意味での思い込みや、自分を褒める能力、自己肯定感は大切な才能なんだ」

そう言えば、僕は自分を褒めるなんて一度もしたことがない……。

「そうして、十五点になったことを納得できた人だけが、二十点までの階段を昇ることができる。二十点で納得できた人だけが二十五点、三十点、……五十点くらいまでいくと、誰が振り返っても明らかに変わった何かを発見することができる。ここまで行けば、自転が始まる。子育てで言うと、努力できる子どもが育つというワケだなこれが」

この理屈は、確かに何にでも当てはまると僕は思った。エムは力強く言った。

「良い当たり前を作るため、無意識に刷り込むための三段階のステップの最後のひとつは、数ヶ月に一度でいいから、進歩の実感を得ること、与えること、共有することだ」

注文が止まって、やることがなくなったママが、少し離れたところでタバコをふかしている。フゥーーーッ！　と天井に向かって吐き出した白い煙が、勢い良く立ち上った。僕は、願いを叶えてくれる、アラジンと魔法のランプの妖精を思い浮かべていた。

エムは腕まくりして、僕の目を見て言った。

「三段階のステップ、まとめるぞ」

「はい」

エムの迫力に気圧されて思わず僕は姿勢を正した。

「決めて、続けて、進歩の実感を得る」

「はい」

「ほとんどの人は決めることができない。なぜなら決めることを探すからだ。答えはここに入っている」

そう言いながら、エムは僕の額をトントンと右の人差し指で二度、軽く叩いた。

「次に、ほとんどの人は、続けることができない。なぜなら、三週間の継続が当たり前を生み出していると分かった上で実践していないから」

そう言いながら、今度は右手でギュッと握りこぶしを作った。

「最後に、進歩の実感。数ヶ月に一度でいいから、進歩の実感を持ち続けることで三週間の継続を自転させていく。そうすることで良い当たり前がどんどんと生まれる。旧き良くない当たり前が淘汰されていく。これが……、人生の答えだ」

そして僕の胸を右の拳で軽く二度叩いた。僕は思った。

（要するに当たり前にできることを、あえて積み重ねる以外にないってことか……）

　エムの言う人生の答えはあまりにシンプルだった。

〝当たり前を積み重ねる……〟

　誰もが子どもの頃から何度も聞かされているこのシンプルな理屈に、人生のどの時点でどれだけの説得力を持って自分の心の奥底に置くことができるかが、人生を左右することになるんだろうと思った。この日は家に帰ってパジャマに着替えてからも、頭の中でエムの言葉が何度も何度も回っていた。気がつくと、時計の針は午前一時を回っていた。

「明日は朝早くに起きて四国に出張だ。そろそろ寝ないと……」

　僕はあえてあえて声に出して言ってから、布団に入って目を閉じた。

　胸にはエムの拳の感触がまだ残っていた。


　改めて十九年前を思い出してみると、エムと初めて和み家、蕾で会ってからいつの間にか言葉を交わすようになり、回を重ね、笑いの科学株式会社での初めてのバイト、そしてその夜の蕾、僕の人生の中で一二を争う濃厚な時間はあっという間に過ぎ去った。

　考えてみると、コミュニケーションは自分を磨くしかない。自分を磨くしかないのだから自分の発信が上手くなればいいようなものだが、そうではない。自分主導ではなく相手主導、しかも相手の行動が結果なのである。難しいわけだ。

　お笑いに興味なんてまったくなかった僕だけれど、エムと出会ってからはテレビを見る目が変わった。雑踏の中でふと耳にする知らない人同士の会話にも、なんとなくエムのロジックを当てはめている自分がいた。僕のようなあくまでも普通の人間は、エムから学んだ笑いのロジックを、楽しみながら取り入れるだけでいいのだ。自分ができることをできるように、あえて頑張るだけで成果があったのだから逆に楽だった。

笑いの科学株式会社で初めてバイトした翌日、僕は出張先の愛媛県松山市に赴く電車に何時間も揺られていた。そんな僕をトラブルが襲った。この日のことを、僕は今でも鮮明に覚えている。

6 トラブル

車窓から見える景色の中を、ときどき人工物がビュッと横切る。乗り換えも含めると、もう何時間電車に乗っているだろうか。羽田から松山まで飛行機でひとっ飛びさせてくれればいいのに、交通費削減のため会社が用意してくれたのは電車のチケットだ。電車移動だと、岡山駅経由で四国に入る。松山行き特急しおかぜの先頭車両は、電車がオレンジ色のほっかむりしたようなデザインだ。シルバーの車体のところどころにオレンジのラインが入っている。残った仕事を午前中で片付けてすぐに会社を出たのに、時刻はもう夕方。改めて日本列島は長い。

しおかぜは瀬戸大橋を通って、穏やかに輝く瀬戸内海を渡る。沈み行く太陽からの光線は、穏やかな瀬戸内海の穏やかな波に反射して、細かくゆらめくように光る。水面に反射する光は集まって、太陽まで通じる道のように見える。これをオレンジロードと呼ぶのだと誰かが言っていた。理屈で考えると当たり前なのだが、このオレンジロードは太陽に向かって立つ人すべてにとって、自分に向かって来るように見える。全ての人にとって、太陽に通じる自分だけの一筋の道なのである。同じ場所で手をつないで、肩を抱き合ってオレンジロードを見ていても、同じであって同じでない。僕は素敵だと思った。

しおかぜの座席は窓を背に七〜八人がズラッと並んで座るタイプではなく、進行方向に向かって二人掛けのシートが通路を挟んで二つずつ並んでいるタイプだ。シートを倒せば四人掛けのボックスシートができあがる。ちょうど今は、誰も座っていない二人掛けシートがあまりないくらいの込み具合だ。

駅から駅へとのどかな空気を運ぶ列車がゆっくりと速度を落とし始めた。そして帳尻を合わせるかのように少し慌てて止まった。プッシュゥ〜……と言ったまま電車は沈黙する。急にセミの声が聞こえた。少し空気が入れ替わった。数人の乗客が席を立ち、代わりに数人が乗り込んで来る、そんな気配がした。

その時に事件は起こった。

ダンッ！

突然の大きな音に驚いた。発信源は僕のすぐ斜め後ろのシートだった。三人組の高校生が二人掛けのシートのひとつを勢いよく倒して、四人掛けのボックス席を作っていた。学校帰りだろうか。座席を倒すのは構わないが、心臓に悪いだろというくらいの大きな音だ。乱暴すぎる。服装、カバン、髪型……、どれをとってもいかにも悪ガキそうだ。そんなに力を入れてひっくり返さなくてもと思いながら、学校だけでは友達と喋り足りなかった自分自身の学生時代を思い出した。気にせずに、読みかけの文庫本をカバンの中から取り出した。栞がわりの映画の半券がここからだよと、僕を物語の世界に呼び戻してくれる。

しばらくすると、突然、携帯電話の話し声が聞こえてきた。かなりの大声とどうでもいいような内容だ。不思議なもので、気になり出すと止まらない。

若者マナーが、なんて話をよく聞くが、僕は決してそうは思っていない。電車の中の携帯マナーなんて、中高年の方がよっぽど悪いと思っているくらいだ。しかし、この高校生の傍若無人さは度を超している。間違いなくわざと大声で話している。どうせ誰にも注意されないだろうと、迷惑をかけていることを楽しんでいるかのようにも思える。

そういえば中学校の教師をしている友人がボヤいていた。何度注意しても、陰で特定の生徒にイジメを繰り返す生徒を大声で怒鳴りつけたところ、その生徒の口から出た言葉は反省の弁ではなかったという。

「なんだよ先生、殴ってみろよ、殴れないんだろ?」

人ごとながら、大人をナメるなよと思ったあの日の感情を思い出した。思わず本から目線を上げた。斜め後ろのボックス席をチラ見した。すると、なんと対面座席に土足で両足を上げている。向こうの背もたれに靴底がつくくらい、ずり落ちながらほとんど座っているとは言えないような姿。対面座席はかなり土で汚れている。これはひどい……。

僕はこういう時はいつも何も言わないことにしている。何かあったりしたらイヤだし、放っておけばいいのだ。僕は教師じゃないし、うるさいオッサンにはなりたくない。それに絶対、殴られたりしたくない。

なんとなく斜め後ろを気にしながら、本を読み進める僕だが、同じところを無意識にループしてしまう。ふと顔を上げると、多くの乗客が迷惑そうな表情でチラチラこちらを見ている。乗客のみんなの心の声が聞こえる。みんなマナーを正して欲しいと思っているのだ。でも腕力に圧倒的な自信でもない限り、誰だって理不尽な暴力にさらされるリスクは負いたくない。チラチラ見ることが唯一の自己表現なのだ。誰もが安全な観客席から、マナーの悪い若者が注意されて振る舞いを正す姿を見て、この国はいい国だと安心したいのだ。だから分かりやすくて痛快な、悪を成敗するストーリーがお茶の間ではいつの時代もウケるのだろう。すると、僕の頭の中で、突然あの声が響き渡った。

（ちょきまっと！）

　エムの言っていた理屈がエムの声を借りて蘇る。

（共感……。誰もが思うことを代表して口にする。共感が場の空気を少しずつプラスに転じるんだな。ディス・イズ・ザ〝共感の法則〟）

　ここで彼らに注意して振る舞いを正してもらえれば、それは今までの僕には決してできなかった凄いことだ。他の乗客の皆さんもきっと喜んでくれるだろう……、そう思ってしまったのが良くなかった。エムと出会って、僕は自分が変わった気になっていたのかもしれない。思ってしまったが故に、無意識に実際の行動に落ちてしまう、そういうことってある。それがこの時は凶と出た。

　何気なくトイレに席を立った僕は、土足のまま足を投げ出して、携帯電話で通話中の少年Aと目が合ってしまった。上から僕が見下ろす形だ。携帯電話を耳から離して「なに？」と聞かれたので、脊髄反射的に「迷惑だろ」と声を発してしまった。

「アカンの？」

　もう引き返せない。少年BとCも僕をジッと見た。

「アカンだろ。公共の場で迷惑だろ」

　そう答えてしまう僕。どう注意するか、当然、言葉なんて用意していなかった。そのせいで、情けないことに説得にオリジナリティもアイデンティティもない。
しかしこの時、少年Aは両足を下ろして携帯を切り、座り直してくれた。少年BとCは舌打ちをした。三人ともかなり不服そうではあったが、僕はとにかくホッとした。反論され、胸ぐらでも掴まれるのではないかと不安だったのだ。喧嘩なんてしたくない。誰だって正論には弱いのだと思った。心臓が少しドキドキいっていた。しかし、これで終わりではなかった。この後、三人は沸々と怒りの感情を大きくしていくのだ。

そうとは知らず、僕は一仕事終えた気分でトイレから戻ってきた。また本を読み始めるが、なんとなく不満そうな気配が伝わってくる。気にしないでいると、空から何かが降ってきた。二つ、三つと続けて落ちて来た。見ると丸めた銀紙だった。おそらくチューインガムを包んでいた銀紙だろう。

（子どもか？　教室内いじめか？）

面と向かって不満をぶつけて来たのならまだしも、これは放っておくしかない。しかし、この攻撃が延々続く。銀紙爆弾が空から降り、上手い具合に僕の頭に当たる度にクスクスと笑い声が聞こえる。さすがに僕もムカついてきた。でも、こんな攻撃に反撃するわけにいかない。万が一にでもここで喧嘩になったとしよう。警察に事情を聞かれて、「銀紙を丸めて投げられたんです」といい歳したサラリーマンが経緯を説明するのか。やっぱそれはどう考えてもまずい。少年たちにとっては単なる喧嘩でも、僕にとっては勝とうが負けようが暴行傷害事件だ。面と向かって文句があるなら聞こうとは思うけれど、これはないと思う。変に目が合ったりして、何か言われたりしても困る。僕は仏像になった。手にした本をじっと見つめながら、決して目線を上げることなく、空から何が飛んで来ても無視を決め込むことにした。

僕が銀紙攻撃を無視していると、三人組は接近戦に切り替えてきた。少年Bが、用もないのに僕の横を何度も通り過ぎた。

「クソが」「うぜぇよ」「やるのかよ、オッサン」

通る度にそんな言葉を舌打ちとともに小声で投げつけられた。聞こえないふりをしていると、僕の近くで足を踏み鳴らした。ダンッ！　という大きな音に他のお客さんも驚いてこっちを見た。僕は他のお客さんに対して、申し訳ない気持ちでいっぱいになった。

数分後、少年Cが僕の後ろのシートに移動してきた。そして僕が座るシートにガンッ！　ガンッ！　と後ろから蹴りを入れてきた。なんでこんなことをされているのか、僕は悲しくなった。本を見つめてはいるが読むことなんてできない。十回ほど蹴りを入れてから少年Cは自分の席に戻った。席に戻ると三人のクスクスという笑い声が聞こえた。

最後に、僕に直接注意された少年Aが立ち上がる気配がした。何をされるのだろうと緊張していると、僕の隣に突然、無理矢理に座ってきた。驚いた。僕は少年Aを見ずに、身体を硬くした。少年Aは大きな咳払いを何度もする。乗客の皆さんが僕の座るシートをチラチラと見ている。誰も助けてはくれない。僕は本を見つめたまま無視する。気付かないわけがないが、気付いてはならないのだ。気付くということは何らかのやり取りが始まるということなのだ。絶対にろくなことにはならない。

するとと少年Aの顔がなめるように近づいてきた。下を向いて本を読んでいる僕の顔から数センチの距離まできた。息づかいを感じる。たまらない。それでも僕は無視した。至近距離で、おそらく睨みつけられながらも無視する僕に、少年はゆっくりと言った。

「オッサン……、コロスゾ……」

僕ののど仏がコクっと動いた。唾を飲んだ。殺すなんて言葉が飛んでくることに僕は驚いた。でも一生懸命に気付かないフリをした。すると僕の持っている本を奪い取った。そして開いていたページに、ペッ！と痰を吐いて閉じた。一瞬目の前が真っ白になった。僕は黙ってカバンからポケットティッシュを取り出して本についた痰をぬぐった。我慢という言葉は浮かばなかった。ただ、我慢という概念だけが頭の中でグルグル回っていた。

「死ねっ！」

小さな声で叩き付けるように言ってから、少年Aは立ち上がった。そのときに僕の靴を踏みつけた。痛かった。でも、声は出さなかった。銀紙攻撃からトータルで二十分ほど僕は耐えた。どうやら次の駅で下車する気配の三人。僕は正直ホッとした。修行も終わりだ。もう彼らと二度と会うこともないだろう。

プッシュゥ〜……。

電車が止まった。少しだけ空気が入れ替わるのと同時に、彼らは電車から降りて行った。僕はホッした。乗客の皆さんも一斉にホッとした雰囲気を醸し出した。

ガンッ！　ガンッ！

その数秒後、いきなり大きな音がした。電車の中にいる人すべてが驚いた。空気が緩んでいただけに、強烈なインパクトだった。僕の席の窓から音がする。慌てて目をやると、窓ガラスの向こうで三人がホームから窓を叩いている。ガラスがなければ、手を伸ばせば届く距離に三人はいる。さらにもう一度叩いたときに、窓ガラスにヒビが入った。三人組はそれを見て大爆笑した。僕はただビックリしていた。すると、視界が一瞬白く濁った。

（なんだ……）

そう思った瞬間、それがツバであることに気付いた。

僕は窓ガラス越しとはいえ、三人に至近距離からツバを吐きかけられた。しかも大量のツバだ。二度、三度と唾は吐きかけられた。窓ガラスに張り付いた白いツバがドロッと垂れた。その後、続けて何度も電車に蹴りを入れられた。

（……）

信じられなかった。電車の中の乗客とガラスの向こうの三人が、スクリーンのあっちとこっちみたいだった。何が嬉しいのか喜んでいる三人と、驚いている大勢の乗客の顔は対照的だ。そんな彼らの、なぜだか満面の勝ち誇った笑みを後ろへ後ろへと流しながら、列車はリスタートした。車内の空気は良くなるどころか、これ以上なく悪いものになった。

（乗客の皆さんすいません。僕のせいです）

そう心の中でお詫びした。僕は泣きたい気分だった。電車が発車した直後、トイレに席を立った年配の男性が、僕の横を通り過ぎながら小声で言った。

「人の迷惑考えろよ」

僕はエッと思った。心のどこかで、乗客の皆さんは味方だと思っていたのだ。続けて年配の男性は言う。

「放っておけばいいんだよ」

（そりゃそうだよ。そんなこと分かってるよ！）

僕は心の中で、大声でそう叫んだ。無性に悲しくなった。悔しかった。悪いのは僕なのだろうか。

共感を得ようと思ったのに、まったく共感なんて得ることができてはいないじゃないか。僕だって高校生時代に、誰か知らないおじさんに注意されたら意味なくムカついたかもしれない。言い訳するつもりはないけど、注意なんてしたくないし、いつもはしないんだ。今日は人生初のたまたまなんだ。

(何が共感だ……)

(なにが、みんなが思うことを代表して口にするだ……)

今まで通り、普通でいいんだよと思った。心の中のやるせない気持ちを、僕は心の手で何度も何度もこねくり回した。モヤモヤとした怒りはどんどんと密度を増して黒光りしていく。胸から後頭部までの広範囲が、何か不穏なもので満たされ、麻痺していく。

おそらく二度と会うことがないであろう彼らを、僕は想像の中で何度も何度もなぐりつけた。血が噴き出しても僕はやめなかった。想像の中の僕は、悲しいくらいに強かった。

(今度エムに会ったら文句を言ってやろう)

そう思ってから、痰で汚れた本の活字を睨みつけた。吐きそうに気分が悪かった。

◆◆◆

エムに文句を言うチャンスはなかなかやってこなかった。

翌日の夜遅く、出張から帰った僕はその足で蕾に行った。

エムがいたら思いっきり文句を言ってやろうと思っていたのだがいなかった。その代わりコバゾーさんがいた。時間が遅かったせいか、かなり酔っているように見えた。

「やぁ〜、ひぃさしぶりだねぇ〜」

久しぶりでもないのにコバゾーさんがそう話しかけて来る姿は、この店の定番の光景だ。コバゾーさんの手前では、左頬に大きなホクロがある丸刈りの四十歳くらいのおじさんが、女性人気アイドルグループの歌を絶叫している。たまに見るおじさんで、僕も何度か会話したことがある。コバゾーさんはこのおじさんのことをコーちゃんと呼んでいる。コーちゃんは、合わないキーで女性アイドルグループの歌を力一杯歌うものだから、聴くに堪えない絶叫になる。そもそもキーが合うわけないんだから下げればいいと思うのだけれど、コーちゃんはキーを下げると可愛くないからという理由で下げない。コーちゃんがノッて来ると、この居酒屋は阿鼻叫喚の地獄絵図となって帰り支度を始める人も出てくる。そんなときママはいつも「誰？　誰がコーちゃんのスイッチ入れたの？」と犯人探しを始めるが、コーちゃん自ら「スィッチはここでーす！」と言いながら自分で左頬のホクロを何度もプッシュする。いつものように展開されるそんなこんなの喧噪の中、僕はコバゾーさんの奥の席に座った。

「どうしたの？　怖い顔して？」

そうコバゾーさんに言われて、僕は初めて自分が怖い顔をしていることに気付いた。

「楽しく飲んで、忘れましょうよ」

何も聞かずにそう言ってくれるのが嬉しい。名前も仕事も知らず、居酒屋でよく会うだけのそういう間柄だからと言ってしまえばそれまでだけど、希薄だからこそ示すことのできる優しさもある。

「俺のおごりだからさ」

コバゾーさんはそう言いながら、自分のボトルで焼酎の水割りを一杯作ってくれた。コーちゃんが「俺も俺も」と言うので仕方なくもう一杯。そして三人で軽く乾杯した後、「ウリャ、ウリャ、ウリャ」と言いながら、僕の眉間を親指の腹でグリグリ押した。そうか、ここに力が入っているのが怒りの表情かと僕は思った。眉間の力を抜くと不思議なもので、全身の力が抜けるような気がした。

「自分、武田鉄矢さんの物真似やります」

　僕の気分をほぐそうと思ってくれたらしく、突然そう宣言するコバゾーさん。僕の知っているコバゾーさんは、一発ギャグとか物真似をするようなキャラではない。酔っているとはいえ珍しい。

「物真似とかできるんですか?」と尋ねる僕に、「それぐらいはやります」と敬礼するコバゾーさん。

　武田鉄矢さんの物真似と言われて、僕が思い浮かべるのが、「僕は今鼻が詰まってます」「コラ加藤!」「このバカチンが!」の三つくらいしかない。この中のどれかだろうなと思っていると、三番目「このバカチンが!」のアレンジできた。髪の毛を武田鉄矢さん風にかきあげる仕草をしながらコバゾーさんは言った。

「この、ポコチンが!……ワッハッハッハ!」

　何と言う物真似だ……。隣で聞いていたコーちゃんも大笑いする。

「ワッハッハッハ!」

　コーちゃんはマイクを持ったままなので、エコーの利いた大笑いが店内に充満した。本当に下品で申し訳ない……。だから僕は酔っぱらいが嫌いだ。


　その翌日も、そのまた翌日も、蕾でエムに会うことはできなかった。

　でも、久しぶりにシゲちゃんに会うことができた。シゲちゃんは、僕が初めて蕾を覗いた日にママとキャベツ太郎について語り合っていた人だ。

「やぁ、元気そうじゃん!」

月に数回しか会わないシゲちゃんだが、いつも毎日会っている親友に対するかのように話しかけてくる。誰に対してもオープンに接する垣根の低さがこの人の良いところだ。エムがいないことを確認してから僕はシゲちゃんの隣に座った。

「お久しぶりです」

　そう挨拶する僕に、シゲちゃんは漫画の二枚目キャラのように白い歯をキラッと光らせながら言った。

「知ってる？　キリンって、血圧が高いらしんだ」

　いきなり、何のマメ知識だと僕は思った。

「そりゃ、頭があんなに上の方にありますからね」

「水たまりの水を飲んだ後、頭を上げるじゃん。人間だったら貧血で倒れるらしい」

　人間だったらという仮定がなんともよく分からないが、シゲちゃんは続ける。

「木の枝の葉っぱを食べた後、水たまりの水を飲もうと頭を下げるじゃん。人間だったら、プチッといっちゃうらしい」

　そりゃそうなんだろうけれど……、と思いながらもシゲちゃんの迫力に圧倒されて何も言えない僕。シゲちゃんは何を喋ってもとにかく熱いのだ。

「どうも頭に毛細血管の塊があって、そこで急激な血流を緩衝するらしいんだよ。良くできてるよねぇ」

　そしてシゲちゃんはいつものゼリフを口にする。

「俺、この町、好きなんだよなぁ。もっともっと良くできた良い町にしたいんだよなぁ。そのためならなんだってやるんだけどなぁ」

地方からこの町に流れ着いた僕と違って、シゲちゃんはこの町で生まれ育った男だ。僕だってこの町が好きだ。でも、きっとシゲちゃんの想いには及ばないと思った。

シゲちゃんと話しながら、僕の中には漠然とした理由のない不安が芽生え始めていた。もしかしてエムとはもう会えないのではないだろうか？　考えてみると、エムがどこに住んでいるのかはもちろん、携帯番号もメアドも知らない。それどころか携帯を持っているのを見たことすらない。本当の名前も知らない。突然引っ越しでもしたんだろうか。いや、それだったら蕾のママに伝言くらいあっても良さそうなものだ。僕から不満をぶつけられることを察知して……いやいや、神様でもない限り、そんなこと分かるハズがない。

翌日からも仕事の合間に、僕の頭の中に色んな考えが浮かんでは消える。なんだか仕事が手につかない。ユウスケ君は、そんな僕の顔を見る度に「とりあえず、笑えよ」といつものように言う。その度に僕は（友達と連絡が取れなくなったんだ。笑えないよ）と心の中で返す。何度目かの時、僕は、心の中でエムのことを友達と呼んでいる自分に違和感を感じた。エムと僕は友達なのだろうか？　答えは出ない。とりあえず友達というのは便利な言葉だと思った。

また日曜日がやって来た。当然ながら約束はしていなかったし、今週もカウンセリングがあるのかないのかすら分からなかったけれど、僕は前回と同じ時間に笑いの科学株式会社を訪れた。蕾に行くか、日曜日にここに来るかしか僕にはエムと会う方法は思いつかなかった。シノダ石材店の前にたたずむが、人の気配がない。念のためと思って、プレハブの階段をそ～っと上がる。覗き込んでみても誰もいない。

「ちょきまっと！」

　少し大きな声で問いかけてみた。反応がない。自分で自分に苦笑いした。不法侵入だと思った。

僕は少し肩を落として家に帰った。この日は蕾に寄ろうという考えすら浮かばなかった。赤いTシャツの人を見つけて目で追っている自分に気付いた。家でテレビのバラエティを見ても笑えなかった。

7―再会

そしてまた一週間が経過した。

その間、居酒屋でも町でも一度もエムの姿を見かけることはなかった。もしかしてエムは本当に僕の前から消えたのかも……、そんな気持ちが少しずつ大きくなっていた。同時に、出張中の出来事は少しずつ過去のものになりつつあった。

(今日いなければ、とりあえずあきらめよう)

そう思いながら僕はまた笑いの科学株式会社を訪れた。プレハブの二階を覗き込むと、真っ青なスーツが目に飛び込んで来た。カウンセリングの真っ最中だった。

(いた！　エムだ！)

僕の心の中で、小さな光の玉が二つ三つ弾けた！

　勝手な想像だが、おそらく人の心の構造は、僕たちが考えるよりもずっとずっとシンプルなんだと思う。例えて言えば、胸の中に大きな袋がひとつあるだけのような、そんな究極のシンプルさだ。

今の僕のように、百の心配と百の怒りが同時に存在するなら、それは心配の袋と怒りの袋に分けられて存在しているのではなく、ひとつの大きな袋の中で一緒くたになって存在している。百の心配と五十の安心だと、心配と安心は同軸の対極だから、一緒くたになれば相殺し合って五十の心配だけが残る。でも、百の心配と百の怒りだと、種類が違う感情なので相殺のしようがない。だから、絵の具を何色か混ぜたときのような、なんだかよくわからないモヤモヤとした色の気分になるのだと思う。

こんな時に、心配だけが一気に解決してなくなれば、なんだかモヤモヤとした気分の中から怒りの感情だけが明確に姿を現し始める。

(なんで伝言のひとつも残さなかったんだよ?)

(エムのおかげで出張先の電車の中でトラブルに巻き込まれたんだよ)

エムと再会できた喜びは雲散霧消し、沸々とした怒りだけがクリアに蘇ってきた。

エムの真っ青なスーツを見ながら、僕は思った。

(カウンセリングが終わったら、ありったけの文句を言ってやる。今夜は夜中まで返してやるもんか……)

奥のソファでカウンセリング中だったエムは、少し開いた戸の隙間から覗き込む僕の顔を見つけると白い顔の中心に小さなパーツを寄せて、おっ！　という表情を作った。

なにが、おっ！　だよと一瞬ムカついたが、相談者がいる前でいきなりズカズカ入って行って文句を言うわけにもいかない。どうしていいやら立ち止まっていると、エムが中から手招きした。入り口の戸をもう少しだけ開く僕。職員室に入る小学生のように、頭だけを室内に入れた状態でストップしたが、エムは立つ気配もなく、ソファに座ったままで手招きを続けている。

（招き猫かよ……）

カウンセリング中のお客さんが、エムの視線を追いかけるような形でこちらを振り向く。チョイ悪風のおじさんと、若干派手めの若い女性のペアだ。どう見てもこの二人、サラリーマンとＯＬさんには見えない。なんとも言えない組み合わせだ。この二人が夜の町を連れ立って歩いていると間違いなく怪しい。

（一体、この人たちは何をやっている人なんだろうか？）

僕がそう思うのとほぼ同時に、まるでテレビの司会者のような明るく弾けたような口調で、エムが二人を紹介してくれた。

「それではご紹介しましょう！　売れない漫才師、トップスターズのお二人です！」

トップスターズ？　聞いたことのない名前だ。売れてないのだから当然か。

続いて二人が、どぉもぉ〜！　なんて明るく挨拶してくると思ったが、二人とも無言で軽く会釈をしただけで、思いっきりの肩透かしを食らった。

そう言えば、芸人さんのほとんどが、普段は無口だってエムが言ってたっけ……。

エムに促されるまま、僕は当たり前のようにエムの後方のデスクに着席した。この場所に座るとなんだか妙に落ち着いた。そして、他にやることもないので記録用のパソコンを開いてワードを立ち上げた。怒りの感情がかなりクリアな状態で文句を言いに来たハズなのに、いつの間にか僕はただ遅刻してきた助手になっていた。

「まだ始まったばかりだから、記録よろしく」

エムは何ごともなかったかのようにそう言ったまま、開いているのか閉じているのか分からないような目で、僕をじっと見ている。

（なんだよ？）

そう思っていると机の端に目線を一瞬向けて、また僕を見る。これを二～三回繰り返す。

（はいはい……）

僕は、机の端にあった例のＣＤプレーヤーを手元にセットした。

（エムが咳払いしたら、再生スイッチオンね）

心の中で復習完了だ。ミヨシさんの時は、ドラえもんの秘密道具登場の効果音と、ドラムロールがセットされていた。今日も、相談者に合わせた効果音が入っているに違いない。

「で、トップスターズさん、まずお二人の名前を教えてください」

さっそくカウンセリングを再開するエム。

「トップスと、ターズです」

「へぇ、変わった名前だねぇ」

「ウソです」

「ウソはやめてもらえるかな？　しかも切るとこちょっとおかしかったし」

「すいません。本当は、トップスタ、と、ーーーズ」

「言えてないじゃないか」

「ですね」

「教科書通りだねぇ。ワハハハハ……」

「そうっすねぇ。ハハハハ……」

（なんの教科書だよ？）

そう思う僕。この手のやり取りは予定調和というか、たぶん定石みたいなものなんだと思う。エムといるとこんなシーンによく出くわす。こんな会話に付き合わされる度に、僕はこんなくだりがいるのかと思うのだが、名刺代わりのようなものなのだろう。

出会ってまだそんなに経っていないハズなのに、三人はいたって満足そうで、もうすっかり打ち解けている。笑いの力は確かに凄い、認める。でもそれは協力関係があってこそのものだと、電車でのトラブルを思い出しながら僕は思った。大量のツバを車窓に吐きかけられた瞬間のイヤな気分が蘇ってきた。

（あいつら許さない。今度会ったら、思いっきり殴ってやる）

会うわけもないのに、僕はわざわざそう思って、僕の中の闇を納得させた。

「で、ホントはなんて名前なの？」

「ヤザワとアユっす」

そう答える男性。きっと彼がヤザワなんだろう。

（ん？　ヤザワとアユ～？）

何か言いたいんだけど、どう言っていいかわからないような……、そう、変なガスが頭の中に充満しているような感じだ。お構いなしにエムは質問を続ける。

「いつもどんなネタをやってるの？」

「モノマネ漫才です。ヤザワとアユのモノマネで、漫才するんすよ」

「ヤザワとアユって、二人とも大スターじゃないですか？」

思わずデスクからそう口を挟む僕。そんな僕の言葉がキッカケだったかのように、二人はいきなり背中合わせになって両腕を組み、少し首をかしげるポーズをとりながら言った。

「だから二人合わせてトップスターズ！」

「……」「………」

「………こんな感じです」

（どんな感じだよ？）

キレがない。はっきり言って中途半端だ。

「とりあえず、モノマネやって見せてよ」

そう言うエムのリクエストに応えて、まずアユが立ち上がる。

「アユでぇ～す！」

いきなりスイッチの入ったアユのテンションにたじろぐ僕。

そう言えば、プロとアマの最大の違いは、滑舌でもイントネーションでもなく、テンションだってエムが言ってた。だからマイクを持って発する第一声だけでプロかアマかって分かるものだと。確かに冒頭の「こんにちは！」という挨拶を聞くだけで、やっぱりプロは違うなぁという感想を持ったことが僕にもある。

エムに言わせると、テンションとは心のボリュームだという。テンションが上がるに従って声が大きくなるという側面もあるが、心のボリュームだから必ずしも声の大きさとは比例しない。小さな声で高いテンションを表現するとプロっぽくなるとエムが言っていたが、今のアユがまさにそんな感じだ。決して大きな声を出すわけではなく、テンションの高い状態を表現できている。

「大きな声で、『やったぁ！』と叫ぶのと同じ大きさの喜びを、小さな声で表現してみてよ」

「ぃやっっったぁ……！」

「そうそう、そんな感じだよ！　ディス・イズ・ザ〝テンションの法則〟だよ！」

　これは蕾で三度目に出会ったときのエムと僕の会話だ。おかげで僕は営業トークやプレゼンテーションで、小さな声でも心に届くテンションを実践できるようになった。


　目の前では、立ち上がったアユがかけ声を掛ける。

「いぃ〜！　くぅ〜！　よぉ〜！」

　そして、誰もが知っている代表曲のワンフレーズを歌ってみせた。

　確かに似ていると僕は思った。

　続いて、「お前の年収、ヤザワの二秒」とか言いながら立ち上がるヤザワ。そしていきなりショートコントのようなタイトルコール。

「宿泊するホテルで、しょぼい部屋しか用意できないと聞かされたときのヤザワ」

　そして、ゆっくりと間を取ってから、ヤザワは言った。

「オレはいいけど、ヤザワがなんて言うかな？」

（そのまんまじゃないか）と僕が思うと同時にエムが言った。

「そのまんまじゃねぇか」

　なんとなく売れない理由が分かったような気がした。


　少しだけソファからずり落ちたエムが、すぐに座り直して身を乗り出した。しかしこの人、腹筋が強いのか、起き上がるのがホント早い。そして、とにかく座れとヤザワとアユに向かって、右手をパタパタとジェスチャーしている。その間ずっと無言だ。二人が座ったのを見計らって、ゆっくりとエムが尋ねた。

「どうして……、モノマネで……、人が……、笑うか……、知ってるか?」

　必要以上に区切りながらの問いかけに、アユとヤザワが同時に答える。

「似てるから」「似てるから」

　このタイミングでエムが一瞬僕を見た。そして、ゴホンと咳払いした。

　僕は慌ててCDプレーヤーの再生ボタンを押した。

　エムが一瞬こちらを見てくれたおかげで、今回はあまりタイミングを外さなかった。するとシャー……という音が流れたあと聞こえてきたのは
〝ホワッホワッホワッホワッホワッホワワワァ〜〜〜ン……〟

　先日までエムが自分の口で言っていた、クイズで間違えたときの昭和の効果音だ。

（こんなのいったいどこで手に入れたんだろう）

　そう思う僕に大きな背中を向けたまま、エムは言った。

「残念ながら、モノマネで人が笑うのは、似ているからではありません!」

（じゃぁなんだろう……）

　エムは両腕で大きなバッテンを作って、顔を前に出しながら言った。

「ブブゥーッ!」

　後ろから見ているだけでも、かなり憎たらしい……。

「考えてみろよ。アイドルにそっくりな人がアイドルそっくりに歌って踊って去って行ったらどうだ

よ?」

「似てるだけですよね」

「そう、似てるだけではダメなんだよ」

ヤザワとアユが何かを考えるかのように腕組みをした。

僕は、じゃあモノマネを見て楽しいと思う理由はなんだろうと思った。似ていないモノマネが楽しいなんて理屈はないはずだ。

「人が笑う理由は、感情にプラスの変化が起きるからで、漫才というのは予測の裏切りと共感の連続でできていることはご存知の通りだよね」

サラッとそう言うエム。その向こうで僕たちの予測を裏切るかのように、ヤザワとアユは鳩がマメ鉄砲を食らったような顔をしている。

「……知らないのかよ!」

エムの一人芝居だ。僕は、きっとプロの芸人さんは難しく考えるのではなく、感覚的にそんなこんなを処理しているんだろうと思った。僕が蕾で何度も聞いた理屈を、エムは一通りヤザワとアユに説明した。そしてまとめるかのように言った。

「要するに、舞台に登場して普通に会話をされても面白くもなんともないだろ」

そんなエムの言葉にアユが反応する。

「そりゃそうですねぇ」

「予測を良い意味で少し裏切る〝ボケ〟という働きかけが小さなさざなみを聞き手の心に立てる。それに対して共感である〝ツッコミ〟が期待通り元に戻してくれることで安心が生まれる」

「なるほど……」

「この繰り返しが聞き手の心に振動を与え続け、〝共振〟することでお腹がよじれるくらいの大爆笑が生まれたりするわけだ」

「救心？」

「誰が、動悸、息切れ、だよ」

自分だって人の話の腰を折ってばかりいるくせに、アユのひと言にエムは少しムッとしている。

「共振、あんた知ってるよな」

僕を振り返るなり同意を求めるエムだが、僕も知らない。

「知りませんけど」

「ノー！　みんな知らないのかよ。常識だろ。物体の固有振動数に近い周期で刺激を与え続けると振幅が大きくなるというのが共振という現象だよ」

「知るわけないじゃないですか！」

エムの説明に、今度は三人全員でツッコんだ。


難しい話はさておいて、簡単に言えば、タイミングよくブランコを押し続けるとどこまでも揺れが大きくなるように、物体に周波数が合う刺激を与え続けると蓄積されて、もの凄いエネルギーになるということらしい。後ほど、インターネットで映像を見て驚いたのだけれど、風が吹いたくらいで落ちるハズがないようなコンクリートの橋でも、この現象によって崩落することがあるくらいの大きな力を生み出すらしい。

「周波数をしっかりと合わせるのがプロの腕なんだけどね」

エムはそう付け足した。そして「ここからが本題なんだけど」と前置きしてから大きく身を乗り出した。そしてゆっくりと言った。

「共振を生み出す予測の裏切りと共感とは別に〝リンク〟という方法論がある」

「リンクですか？」

リピートするヤザワにエムは答える。

「そう。関係のないもの同士が何かのキッカケでリンクするだけで、人の感情にはプラスの変化が現れるんだよ。分かりやすく言うと、人を笑わせるためには、関係のないものを繋げればいいんだ。ディス・イズ・ザ〝リンクの法則〟」

「はぁ……」

あまりに雑な解説に納得できない表情のヤザワとアユだったが、関係のないものを繋げるという説明が、僕には妙に腑に落ちた。

テレビの中では、一見、相反するような側面を併せ持つキャラが跋扈している。それに僕が働いている広告業界では、関係のないものを繋げたりくっつけたりしてヒットを生み出すというのは普通の考え方なのだ。面白い企画を生み出すためのブレインストーミングという手法は、大勢で大量のアイディアを出し合って、誘発・連鎖・結合を促すものだ。まさかの〝繋がり〟や〝くっつき〟に人は喜ぶものなんだと思う。エムは続ける。

「笑いの三本柱は、裏切りと共感に加えて、リンク。このリンクという方法論を知るだけで、トップスターズは変わると断言するよ」

ヤザワとアユが少し身を乗り出したタイミングで、エムは言った。

「リンスじゃないぞ」

「わかってますけど」

そして解説が始まるのかと思いきや、エムの口からは得意のフレーズが飛び出した。

「それではここで問題です」

「なんでクイズですか？」

定石通りに、声を揃えて共感を差し込むヤザワとアユ。そんな二人をスルーして、エムは出題する。

「そもそも、どうしてリンスが、リンクのボケになるのでしょうか？」

なんともまた、返答しにくい質問だ。

「チック、チック、チック……」

そしてしばしの沈黙のあと、ヤザワの口から白旗が飛び出した。

「……考えたこともなかったですね」

「そうなんだよな。みんな感覚でやっているんだよな。感覚も大事だけれど、分かってやれたらもっと良くなるのに、もったいないよ」

そうエムはかぶりを振る。そして少し顔を上げてから尋ねた。

「ヤザワならリンクでどうボケる？」

「そうですね……リンクって、飲み物ですか？」

「それはドリンクだよ！」

そうツッコミを入れたあと、エムとヤザワは二人でう～んと腕を組んで唸っている。続けて
「……成立はしてるよな」そう言うエムに「ですよね」と返すヤザワ。

（なんなんだこの会話は？）

まるで対局後のプロ棋士同士の感想戦だ。こんな会話、見たことも聞いたこともない。

「私だったら、三回回ってキレイに着氷したいですね」

横から口を挟んだアユにも、エムは間髪入れずに言葉を差し込む。

「スケートリンクじゃねぇし！」

「おぉっ！」

感心するヤザワに「感心してる場合じゃないよ」と言ってから、「ちなみにスケートリンクのリンクはLではなくRだから、リンクではなく、ゥリンク！　だけどな。ゥリンク！　ゥリンク！」と連呼しながら、怒濤のように手足をバタバタさせ始めた。どうもこの人は、一生懸命になればなるほど、ジッとしたまま話すことができないようだ。

この後エムが解説したリンクの法則は、興味深いものだった。

カウンセリングが終わってから文句を言ってやろうというダークな気持ちが心の隅で小さくなってしまっていることにすら、この時の僕は気付いていなかった。ヤザワとアユに一生懸命に説明するエムの背中は、今でも僕の脳裏に強烈に焼き付いている。

エムは両手をパーの状態にして、ヤザワとアユに手のひらを見せた。それから両手の親指だけをゆっくりと折り畳んで言った。

「関係ないもの同士をくっつけるには、四つの方法があるんだ」

（それじゃ、八つじゃないか）

ヒラヒラする両手を眺めながら、背中越しに僕はそう思った。しかし、そんなことを指摘すれば話が長くなる。

「まず一つ目が……」

　そう言いながら、エムは両手の小指を折り畳みながら続けた。

「音によるリンクだ」

「音ですか？」

　聞き返すヤザワ。

「そう。ダジャレが聞き手の感情を動かす理由は、関係ないもの同士が音感を通じてリンクするからだ」

「へぇ……」

　エムの解説に、ヤザワとアユとそして僕の三人が単純に感心する。

　一応大学を出た僕だけれど、ダジャレで人が笑う理由なんて誰も教えてはくれなかった。

（もっと早くに知りたかったなぁ……）

　理由もなく、なんとなくそう思った。

　確かに〝アルミ缶の上にあるミカン〟は微妙に面白いけれど、〝木箱の上にあるミカン〟では面白くもなんともない。何が違うかと言われると、音が近いかどうかだけの違いである。キョトンとした顔をしながらアユが言った。

「韻を踏むというのは、音によってリンクするということなんですね」

「そうそう」

　当たり前のようにうなずくエム。

　そして音によるリンクを確認するかのように、アユが小さな声でダジャレを口にした。

「カプセルを、か・ぷ・せ・る……」

それを聞いたヤザワが、同じようにゆっくりと言った。

「ドナルドが、怒鳴るど……」

「音によるリンクは、感情の変化の原点とも言える要素なんだよなこれが。親父ギャグとか言ってバカにされるけど、ダジャレは神聖なものなんだよ」

エムはそう言ってから、窓の外を見つめながら続けた。

「汝、ダジャレをみだりに口にすることなかれ」

「なんの宗教ですか?」

ヤザワのツッコミにアユが笑った。

僕はやっと思いついたダジャレを、遅ればせながら口にした。

「酢豚はすぶ食べないと」

「面白くないよ」

エムの厳しいツッコミを全身に浴びながら、僕は「プロのテンポにはついていけませんよ」と言い訳した。僕の言い訳を合図に、エムが一つ目の方法論をまとめた。

「韻を踏ませることを通じて関係ないもの同士をリンクする、それが一つ目の方法論だ」

すると、なんとこのタイミングで、アユがカバンの中から小さなノートを取り出した。

「今さらですか！」

僕のツッコミにみんな笑ってくれた。嬉しかった。

「勉強、得意じゃないんですよ」

そう言いながらエム越しに僕を見て、アユが笑った。初めて目が合ってドキッとした。

（あぁ、彼女もストライクゾーン……いや、ホームランボールだぁ）

そんな僕の気持ちに気付くこともなく、アユは首を少し傾げながら口角をキュッと上げて見せた。

仲間になれたようで、なんだか嬉しかった。

二つ目のリンクは視覚によるリンクで、これがモノマネで人が笑う理由なのだとエムは言った。目で見る情報（映像）として、関係ないもの同士がリンクすることで人の感情にはプラスの変化が起こるのだという。

確かに、空を見上げて雲の形が動物に似ているだけで嬉しくなったりする。

「音でリンクするダジャレは一瞬の芸だけれど、モノマネは一発芸でない限り〝尺〟があるから、一瞬の感情の変化ではなく、ボケとツッコミのように、寄せては返すさざ波のような振動を与える必要があるんだよ」

「だから、似てるだけではダメなんですね」

「そう。似てるだけだと、最初に一瞬感情の変化を与えることができても、その後はそのままだから〝出落ち〟という現象になる」

相手がプロの漫才師だからか、エムの解説は専門的だ。

「全然似ていない人が一瞬見せる仕草や表情が似ていたら、その瞬間にリンクして、すぐにまた元に戻る、また何かの瞬間にリンクする、また元に戻るといった繰り返しが必要なんだ。その落差や頻度を活用して、共振を生み出せれば大爆笑だ」

エムの話を聞くアユの目は真剣だ。

「だから、似せる練習と同時に、遠く離す練習も必要なんだ」

「遠く離す練習ですか？」

「そう。波が必要なんだよ。そんな表情するわけないじゃんって感じで笑いとってるの見たことない？」

アユは「あぁ……」と言ったまましばらく何かを考えている。

「それに、表情や動きが似ているかどうかという以外の〝軸〟を加えることでバリエーションを増やすこともできる」

「軸ですか？」

尋ねるアユにエムは答えた。

「そう、〝もしもヤザワがロボットだったら〟とかいうパターンを聞いたことがあるだろ。ロボットとして似ているかどうかという軸も加わって、より立体的になるし、ネタとして展開しやすくなる」

「へぇ〜……なるほどぉ〜……」

ヤザワが思いっきり伸びた語尾に、深い感嘆を目一杯詰め込んだ。

「そこに意外性や、あるあるといった共感性のようなプラスαがあれば、さらにポイントアップだよ」

エムの追加説明が終わったタイミングで、ヤザワも今さらながらカバンからノートを取り出した。そしてペンを右手にスタンバイしてから言った。

「すいません、もう一度最初から言ってもらっていいですか？」

エムがソファからズッコケ落ちた。

ジョークなのかなんなのか、この天然さは芸人ならではなのかもしれない。

　さんざん喋らせた後にもう一度最初からお願いしますなんて、一般社会ではあり得ない。せめて途中で止めろよと誰だって思うだろう。僕が上司に長々と説教された後、このセリフを口にしようものなら、上司の背後に見える炎がメラメラと大炎上すること間違いなしだ。すぐにソファに座り戻りながらエムは言った。

「こんなこともあろうかと思って、一応用意しておいたんだ」

　そう言いながら、エムはミジンコのような腕をカバンの中に突っ込んで、ペーパー資料をゴソゴソと取り出した。

　そしてゴホンッと咳払いをした。ゴホンッと咳払いをした。ゴホンッと咳払いを……。

（わかったよ）

　僕はＣＤプレーヤーのスイッチを押した。流れて来たのは、人気のＲＰＧ、ドラゴンクエストのレベルアップの効果音だった。

「チャラララッチャ♪　チャッチャチャッチャァ〜♪」

　懐かしさを噛み締める間もなく、エムはヤザワとアユに資料を手渡しながら言う。

「レベルアップおめでとう！」

（何がレベルアップだよ）

　そして僕の方を振り返って「あんたにも」と言いながら一部手渡してくれた。

　資料には、四つのリンクが箇条書きで丁寧にまとめられていた。

（一）音感によるリンク
（二）視覚によるリンク
（三）意味によるリンク

（四）時間を超えたリンク

既にヤザワとアユに解説していた二つ、（一）音感によるリンク、（二）視覚によるリンクの後に続いていた、（三）意味によるリンク、（四）時間を超えたリンクという二つの項目の解説を僕は資料を手にした瞬間から、必死で読み始めていた。

僕の耳元では、もちろんこの効果音が鳴り響いていた。

「チャララッチャ♪　チャッチャチャッチャァ～♪」

僕はレベルアップした。リンクの呪文を覚えた。

実はこの時の資料を僕は今でもクリアファイルに入れて持ち歩いている。左上をホッチキスで止めたA四サイズの紙三枚綴りだ。この十九年間、何度も何度も読み返したせいか、ホッチキスは今にも脱げそうなくらいにブカブカな感じだ。クリアファイルから取り出してポケットに入れて持ち歩く際は、いつも四つに折るせいか、折り目がメロメロで、裏から見ると折り目の部分に所々穴があいていることがわかる。この資料をこうしていつもカバンの中に持っているだけで、僕はこの十九年間リンクを意識することができた。

関係ないもの同士をあえて意識してリンクさせるだけで、前向きな感情が相手の心に生まれるのだ。こんなにいい話はない。営業トークはもちろん、プライベートの対人関係でも活用できる方法論だ。（三）意味によるリンクにはこう書かれている。

（三）意味によるリンク

音感や映像としてナンセンスにリンクするのではなく、何らかの意味を媒介にリンクすることで人の感情にはプラスの変化が現れる。

ダジャレやモノマネといった瞬発的なジョークに活用されやすい（一）（二）と比較すると、より深い部分での感情の動きを誘発することができる。そのため、企画立案や営業トークといったビジネスシーンでも活用しやすい方法論である。


例えばAという話題に対して、Bという例え話や経験談を持ち出すことで聞き手の感情を動かすことができる。これはAとBが意味の上でリンクするから成立するもので、意味によるリンクの活用である。

また、Aという機能やコンセプトを持つXという商品に、Bという機能やコンセプトを付加することで顧客満足が向上することがある。これは、Xという商品を介してAという機能やコンセプトにBという機能やコンセプトがリンクするから起こる現象である。

このように、媒介となる〝意味〟には本来の意味以外にも、キーワードや商品、人物といった様々なものが当てはまる。また、AとBはできるだけ無関係で一見隔たりがあるものの方が感情の変化は大きくなる。


ジョークとして活用されるのに代表的なものがなぞかけである。〝Aとかけて、Bととく、その心はどちらもC〟という古典である。まったく関係のないAとBという二つのものが、Cというキーワードでまさかの共通点を持ってリンクすることで聞き手に大きな感情の変化を与えることができる。できるだけ関係がなさそうなもの同士を、意表をついたキーワードでリンクさせることができればベターである。

◆注意◆
単なる共通点を提示するだけでは、リンクして当然の必然性が生まれてしまうので不可。

異なる意味や解釈のあるCを通じて、ひねってリンクするイメージを持つべし。


そう言えば、エムはなぞかけが好きだった。

「俺は、三度の飯よりなぞかけが好きなんだよなぁ……」

遠い目をしてよくそう言っていた。三度の食事となぞかけが比較の対象になることが僕には分からなかったが、なぞかけを通じて〝違うもの同士をリンクさせること〟にアンテナを張っていたのだと思う。初めて笑いの科学株式会社でバイトした日、挨拶代わりに飛んで来たなぞかけを覚えているだろうか。

「石って、遠足の弁当みたいだろ？　どっちも鉱物（好物）が入ってる」

このなぞかけが上手いのかどうか、僕には評価できない。でも、こんな風に唐突に意味のないことを投げ掛けてもなんとなく場がプラスに転じるのは、リンクの法則の有用性の実証だと思う。色んなシーンで突然求められたせいか、僕もすっかり上手くなった。

「どうしていつも突然、なぞかけをやらせるんですか？」

そう尋ねる僕にエムは答えた。

「頭のトレーニングだよ。準備している人にだけ、女神は微笑むんだよ。こんな風に」

可愛くない笑顔に、僕は笑うしかなかった。

蕾のカウンターで、ニュースを流しているテレビ画面を二人で眺めているとき、エムが〝ニュース〟をお題になぞかけを求めてきたことがある。このとき咄嗟に答えたなぞかけが、僕の中での最高傑作だ。

「あんた、ニュースとかけて何ととく？」

「ニュースとかけまして、ですか？」

「そう、ニュースとかけまして……、チック、チック、チック」

「う〜ん、……お好み焼きとときます」

「そのこころは？」

「どちらも、ソースが肝心です」

このときエムは「おぉっ！」と大きな声で感心したあと「スタンディングオベーションだ！」と言いながら立ち上がって拍手をしてくれた。


蕾で政治家の汚職の話題になったとき、エムは熱く語るシゲちゃんを制して「政治家とかけまして！」と突然声高らかに叫んで、座敷の座布団の上に立ち上がったことがあった。あまりに声が大きかったので、他のお客さんも会話を止めて僕たちを見た。

「このタイミングで、政治家とかけてどうとくんだ？」

興味津々、そう尋ねるシゲちゃんに、エムは右手に持ったウィスキーグラスを高く掲げて続けた。

「ウィスキーとときます」

「そのこころは？」

「どちらも、きまって悪者（割るもの）です」

このときエムは、満員のお客さんからヤンヤの喝采を浴びていた。知らない人に拍手されるなんて、やっぱ凄いことだと僕は感心した。でも、このときエムが飲んでいたのは、水割りではなくロックだったことを僕は見逃していなかった。指摘はしなかったが……。

和み家、蕾にはエムとのなぞかけの思い出が詰まっている。

ある日、注文した枝豆がなかなか出てこないことがあった。

「ママに言いましょうか？」

そう言う僕を制してエムはママに言った。

「ママ！　聞いてくれる？　ママとかけて、図書館で騒ぐ学生とときます」

「なんなの？」

そう言いながらも、こう続けてしまうのが日本人のアイデンティティかもしれない。

「そのこころは？」

「どちらも、早く、ツマミ出してください」

普通にスッと言えないものだろうかと思ったけれど、「あぁ！　そうだ！　枝豆だね。ゴメンゴメン！」と笑顔で厨房に引っ込むママを見ると、非難するようなニュアンスがまったく感じられなくていいやりとりだと思った。

「なぞかけもいいけど、モノがひとり言を言う形態で、〝モノと人〟という別のものをリンクさせるのが、ひとり言シリーズだよ」

ある時、エムがそう教えてくれたことがあった。ポカンとしている僕にエムは言う。

「消しゴムのひとり言、……ワシも丸なったなぁ」

なるほどと思いつつも、イマイチ笑えないでいる僕にエムは連発する。

「スィッチのひとり言、……大事なんは、切り替えやで」

「分かりますけど、なんで関西弁ですか」

そう共感を差し込んだ僕にエムは教えてくれた。

「モノがただ単にひとり言を言っても面白くもなんともない。でも、人間ならではの感情やアクティビティとリンクさせることで何とも言えない感情の変化に繋がるんだ」

「そんなものでしょうか?」

「そうだよ、たとえば〝雑巾のひとり言、……拭いたるでぇ〜〟ではそのままだ」

「面白くもなんともありませんね」

「でも、〝雑巾のひとり言、……オレ、いつも絞られてばっかりや〟」

「おぉ!」

「これだとどうだよ?」

「確かに違いますね」

「雑巾も人も絞られるけど、〝絞られる〟の意味が違うんだなこれが」

自慢そうに胸を張るエム。

「違う意味を持つ言葉でリンクさせることがポイントだ」

「なぞかけと同じですね」

「そう、それにこの場合は、雑巾というモノが、単なる人ではなくしがないサラリーマンとリンクすることで、やや大きめの感情の変化を生み出すんだ。単なる人でない分、ポイントアップで七十五点だ」

「採点基準が分かりませんけど」

　そう言った僕に構わず、エムは続ける。

「他にもあるぞ、たとえば、シャーペンのひとり言、……ノックせんかい、とか」

「なるほど」

「信号待ちをしているマイケル・ジャクソンの信号が変わった瞬間のひとり言、……アオッ！　とか」

「マイケル・ジャクソンは人じゃないですか」

「そうか、じゃ、かまぼこのひとり言、……ワシも、板についてきたなぁ、とか」

「はぁ」

「切手のひとり言、……コラ、なめんなよ、とか」

「はぁ」

「カレーのひとり言、……今日は辛口でゴメンね、とか」

「言いたいだけじゃないですか？」

「アダルトシリーズもあるんだけど」

「そんなの言わなくていいですよ」

　いつまでも続きそうだったので、ストップをかけた僕にエムは言った。

「企画を考えたり、お客さんに喜ばれる営業トークしたりするのに絶対役立つから！　絶対に練習した方がいいから！」

　だからなんだろうけど、会う度にエムはひとり言シリーズも強要した。そんなこんなの積み重ねで、僕の営業トークも進化したんだろうと思う。いつの間にか咄嗟に関係ないものをリンクさせて、相手を笑顔にすることがどんどんできるようになっていった。

僕が当時作ったひとり言シリーズで、エムに最も褒められたのが半導体のひとり言だ。

「半導体のひとり言」

僕がそう言った瞬間に、エムは顔の小さなパーツを中央にギュギュっ！　と寄せながら小さな目を丸くして呟いた。

「半導体のひとり言って、なんだ？」

「……ダメだ、抵抗できない」

その直後、エムは目をさらに見開いて「あんた！　やるなぁ！　半導体を題材にひとり言を考えた時点で合格点だよ！　八十点だよ！」と賞賛してくれたことを覚えている。しかし、なぜ褒められているのか僕には理解できなかった。


三つ目の方法論〝意味によるリンク〟をヤザワとアユに説明しているうちにかなり日も落ちて来た。カウンセリングの議事録をとりながら、エムの背後から僕はもう何時間もヤザワとアユを眺めていることになる。意味によるリンクのまとめに入るころには、エムとヤザワの会話は、まるで古くからの知り合いであるかのようにテンポよく進んでいた。

「いいかヤザワ、意味によるリンクを活用するために、ネタ作りはもちろんだけど、普段のトークの中の例え話やツッコミの言葉も、できるだけ遠くから持ってくるんだぞ」

「その方が感情の変化が大きくなるんですよね」

「そうだ。ツッコミは、誰もがすぐには思いつかないけれど共感できる、そんな言葉をチョイスするんだ」

「なるほど」

「誰かのトークに、〝それってまるで○○じゃないですか！〟なんて言う例え話の場合は、分かりやすい例を挙げるのではなく……」

「まさかの例を持ってくる」

「そういうことだ」

「でも、誰もが思いつくそのままを言ってしまいがちなんですよね……」

「だから一見まったく関係なさそうでも、言われたら一瞬リンクするような例、これができるようになると、トップスターズは絶対に頭一つ抜け出すことができる」

「普段からの練習ですね」

「そう！　ダジャレやなぞかけをバカにせず、毎日毎日、その時々のニュースや出来事とからめながら発想し続けるんだ。いいか、毎日必ずひとつ作るようにするんだ」

「毎日ひとつダジャレやなぞかけですか……大変ですよね」

「やるかやらないかだよ」

「やるしかないですね……」


　このときに僕は不思議な体験をした。

　エムの最後の言葉を入力して、画面からふと顔を上げた瞬間、僕には未来が見えたのだ。

「……やってみます」と言ったヤザワが未来のヤザワだったのだ。どのあたりがどう未来だったのかと聞かれると答えにくい。「ヤザワが年齢を重ねていたのか？」「着ている服が違ったのか？」と聞かれたらそうではない。ヤザワとアユは売れていない漫才師トップスターズ。でも、ヤザワも隣に座るアユも、売れていない漫才師ではなかったのだ。なんとなく雰囲気が違ったのだ。オーラが違うという表現が一番近いかもしれない。時間を超えて、未来のヤザワとアユが大切なターニングポイントとして、この日の記憶の中に現れたのではないだろうか。僕はこの日、未来の二人を見たと断言できる。

学生時代の僕は、未来の自分がどうなっているのか知りたくて仕方がなかった。未来の自分が幸せや成功を手にしていると信じたくて、それにすがりたくて仕方がなかったのだ。年齢を重ねれば重ねるだけ、未来の自分なんて見たくもない人が増える。未来の自分が今の自分だと、若い頃の自分に教えてあげたい大人がどれだけいるだろうか。知らないから希望が生まれるのだ。希望は無知の産物かもしれないが、神様からの素敵な贈り物だ。無知を知って、そして前を向くべきなのだ。

現在から見る未来は、過去から見る現在と同じだ。未来は未来ではあるが、願望や憶測の先にある希望ではなく、現実の積み重ねの先に現れる厳然とした現実なのだ。未来は未来に行って見るものではなく、今の中に見えるものなのだ。一方で、現在は過去の産物だ。過去は変えられないが、もしかしたら、今を変えれば過去の意味が変わり、因果が変わるのかもしれない……。

未来のヤザワとアユの姿が、スーーーッと吸い込まれるように今のヤザワとアユの姿と重なって消えた。未来のヤザワの姿を見たせいか、ボーッとしていた僕の心がエムの言葉で現実に引き戻された。

「そしてリンク理論の最後、最大かつ最強の方法論が、時間を超えたリンクだ！」

ほんの一瞬だけ止まっていた僕の周りの時間がまた動き出した。ヤザワとアユは、先ほどのプリントに目を落としている。

「じゃ、アユちゃん、最後の四つ目のリンク、読んでもらっていいかな」

「は～い……え～……」

アユが読むスピードに合わせて、僕はプリントを目で追った。

（四）時間を超えたリンク

このリンクをマスターするだけで、感情に最大級のプラスの変化を与えることができる。リンクの法則の中で最大最強の方法論がこれである。

理屈はこれ以上なくシンプルだ。

少し前に出て来た話題やフレーズを、あえて口にするだけである。〝誰もが忘れた頃に誰もが覚えていることを口にする〟という時間差が最適である。これだけで、情報が時間を超えてリンクし、大きな感情の変化を生み出すことができる。

感情の変化が大きいため、お笑いのネタ作りでは最後のオチとしてしばしば活用される。そのためにオチとして活用するフレーズを予め冒頭で散りばめておく作業が必要で、これをネタフリという。また、事前にネタフリが難しいフリートークでは、ケースバイケースで咄嗟に誰かの以前の発言をネタフリとして活用する感性が求められる。

◆活用例◆

例えばスピーチの冒頭で「この前、電車に忘れ物をして……」という話をあえて印象に残るようにしておいて、まとめで「みなさんも、今日の話は忘れても、帰りの電車で忘れ物には気をつけてくださいい」なんて言うだけでウケるのである。こうすることで、印象深いフレーズを時間を超えてリンクさせてプラスの感情を呼び起こすことができる。面白いことを口にしたわけではない。少し前の話題とリンクさせたのである。

一人ではなく数人のキャッチボールのシーンを例に考えてみる。

誰かが「健康にはやっぱり睡眠が大切だ」と言うことについて熱弁しているとしよう。その話が終わってしばらくしてからまったく違う話題の最中に「それは睡眠不足とは関係ありますか?」なんて差し込むのである。誰かが口にしたフレーズを活用している点で、アドリブっぽく「上手い!」という感情を引き起こしやすくなる。

会話の途中では、印象深いフレーズを常に意識して記憶する。そして差し込めそうなときがあれば差し込むべし。それが最強のリンク理論、時間を超えたリンクである。

そう言えば、エムの教えを知らず知らずに実践していたからだと思うのだけれど、なんとなく仕事の流れのようなものが良い方向に変わり出したのがちょうどこのころだった。

読んでいる本に痰を吐かれた記憶が突然蘇って猛烈に腹が立ったり、エムに会えずにムシャクシャしていた数週間だったけれど、仕事の面では時々企画コンペで勝てるようになっていた。

ニュースや新聞を漠然と見ていても、(この話題を明日のあの担当者に投げ掛けたら何て言うかな?)だとか、逆に(意見を聞かれたらこうジョークにしてかわそう)とか考えるようになっていた。僕のインプットが変わり始めていた。そう、アウトプットが変わればインプットが勝手に変わるのだ。ヤザワとアユにカウンセリングしているエムと出会う前日、サナエ先輩にこう言われたことが、今でも心に残っている。

「最近、お客さんと電話で話しているとき、かなり笑顔だね。いい感じだよ」

自分では、電話をしながら笑っている意識などまったくなかったのだけれど、自分でも気付いていなかった心の奥にライトを当てられたようでドキドキした。


ヤザワとアユが帰ったあと、エムと僕だけになった室内は異様に静かな雰囲気になった。

「さ、お片づけ、お片づけ……」

そう言いながら、エムはいそいそと帰り支度を始めている。

〝笑いの科学株式会社〟と名前の入った小さなデジタル時計をカバンの中に戻して、シノダ石材店の名前の入った立派な置き時計を机の下の段ボールから取り出して元の位置に戻した。そんなエムの後ろ姿を見ながら、僕の怒りはもう何度も温め直したスープのように湯気を立て始めた。何度も温め直しているせいか、かなり煮詰まっている。

まるで昼間はほとんど気づきもしない蛍光シールが、部屋が暗くなったとたん、静かに自己主張を強く始めるように、さっきまですっかりと姿を消していた怒りの感情が沸々と熱を帯びてきた。エムが置き時計の位置を調整しようと前かがみになってこちらにお尻を向けた瞬間、僕は咄嗟にカンチョウを決めていた。

「カンチョウッ！」

「あんた、何すんだ！」

お尻をギュッと締めて伸び上がり、必死の形相で振り返るエム。

「何すんだじゃないよ。何週間もどこにいたんですか？」

「うぅ……、痛いじゃないか」

「カンチョウですからね」

「国土交通省か？」

「官庁ではありません。よくジョークが言えますね……」

「俺にだって、色々と事情があるんだよ」

「僕はバイトですよ。何週間も連絡なしじゃ、心配するじゃないですか」

「心はまーるく、気はながーく」

「何を言ってますか。こっちは色々と言いたいことがあるんですけど」

僕のなんだかいつもと違った雰囲気に怒りを察したのか、エムは口をとがらせた。

「なんなんだよ……」

そう言ったまま黙ってしまった。そしてバタバタと帰る準備を整えてから、今度は下唇を突き出した拗ねた子どものような表情で、僕を振り返ったまま何も言わない。

「どうしたんですか？」

「行く？」

（なんなんだこの人は？）

「いいですよ。行きましょう」

蕾に行くことになった。

正直なところ、僕は居酒屋で話をしたくなかった。周囲に誰かがいると話しづらいし、お酒の席で喧嘩したってろくな結果にはならない。お酒を飲むことで間違いなく人間の理性は鈍り、本能のフタが緩むのだ。飲みニケーションとかいう言葉があるが、お酒を飲まないと言えないことは、言わなくていいことだと僕は思う。でも僕は、無意識にエムに逃げ場を与えておきたいと思っていたのに違いない。蕾だったら、何かあったらちょっとママに話を振ったり、飲み食いしたりして逃げることができる。

（どうあれ、今日は色々言わせてもらいますけどね……）

僕はエムよりも先にドアを開けて外に出た。暗闇の中にはムォ～ンとした、湿気を含んだ暑い空気がうごめいていた。

8—衝突

蕾への道中、僕たちはひと言も口をきかなかった。

ナマズの町の端っこを流れる川の土手を、僕たちは黙って歩いた。本に吐きかけられた痰をティッシュで黙って拭いている自分を思い出した。窓ガラスが唾で真っ白になった瞬間を頭の中で再生した。少年Aの息づかい。踏みつけられた足の痛み。ワァーッと叫んでしまいそうだった。モグラが掘り返したこんもりとした土の塊を、あえて踏みつぶしながら歩いた。カッパの看板にわざとぶつかってやった。石ころを意味なく蹴飛ばした。何週間も連絡もなく放ったらかしにされたことを何度も反芻した。釣り竿を片付けていた子どもが僕をチラッと見た。僕のすぐそばに、知らない鳥が糞を落としていった。糞が地面に落ちてから、僕は慌てて身をかわして空を見上げた。エムは沈黙がいやなのか、黙っていられないのか、僕が相手をしないと分かっているのにひとりで喋っている。

「蕾はどうして蕾なんだろう？　まだ花が咲いていないから蕾なのか、これから花が咲くから蕾なのか。はたまた、ただ単に花びらが閉じているから蕾なのか？　植物の蕾は、動物のサナギなんだろうか？　う〜ん考え出すと眠れない……」

　僕は何も答えずに黙って歩いた。

「ホント、蕾って言葉には力があるよなぁ……」

　エムのひとり言は続く。

「でも、老眼になると、蕾も雷も同じなんだよなこれが」

　僕の心の中で、怒りの気持ちが逃げ場なくどんどん圧縮されていった。


　無駄話がなかった分だけ、道中はこの前よりも長く感じられた。僕たちはナマズの町の端っこを流れる川の土手という花道を通って、次の舞台装置、和み家、蕾へと移動した。

　きっと誰もいないだろうと思いながら蕾の引き戸を開けると、お客さんが一人だけカウンターの奥の席に板付いていた。コバゾーさんだった。ママが奥の厨房から顔だけ斜めにヒョッと出して、大きな声で「おかえりぃ〜！」とだけ言った。日曜日に蕾でコバゾーさんに会うのは珍しい。

（やっぱ、エムと二人にはなれなかったか……）

　そう少し後悔する僕の気持ちには気付かず、逃げ場を見つけたエムと話し相手を見つけたコバゾーさんは、利害が一致して満面の笑顔だ。

「やぁ〜、お二人さん」

　コバゾーさんは、僕たちに向かってワカメのように片手をゆらゆらと嬉しそうに振った。そしてカウンターの自分のテリトリーをはみ出して広がっている、おしぼりやボトルやグラスやピッチャーを自分の前に集め始めた。これもおそらく万国共通、ここに座れというサインだ。当然のようにコバゾーさんの隣の席に座ろうと歩き出すエム。僕はあえてエムの隣りに座らず、空席をひとつ挟む形で席についた。一瞬、アレ？　といった顔をしたコバゾーさんだったが、察しただけで何も言わないのがこの人のいいところだ。

「いつもは真っ赤なTシャツなのに、今日は真っ青の派手なスーツだねぇ！」

そう感心するコバゾーさんに、エムは言う。

「原色が好きなんだよ」

「イタリアのブランドにそういうのあったよね、なんとかトン……」

「そうそう」

「三元豚だっけ？」

「ベネトンだよ」

「ゼネコンだっけ？」

「ベネトンだよ。ゼネコンはいいけど、三元豚って豚じゃないか」

「そうか、そうか」

軽いやり取りの間、僕は無言でカウンターの中の一点を見つめていた。

「おじさんだから、カウンターを綺麗に片付けたんだからね」

僕のことをあえて目に入れず、そう言うコバゾーさんにエムは言った。

「それそれ！　おじさんだから、ってところが、スペシャル感だね。あえてスペシャル感を表現するだけで、感情にプラスの変化を与えられるんだよ。ディス・イズ・ザ〝スペシャル感の法則〟さすがコバゾーさん、笑いの働きかけを実践してるねぇ」

「そうなの？」

「そうだよ。銀行で通帳を作って、お客様だけの特別金利ってそんなワケないでしょ」

「そりゃそうだよねぇ」

「スポーツの世界では、〝優勝したい〟ではなく〝このメンバーで優勝したい〟って言う」

「確かにスペシャルだ！　そう言われた方がなんかグッと来るよね」

「芸人は、A社の皆さんだからお話ししますけど、とか言うんだよ」

「そういうの聞いたことあるよ」

「ネタなんだから、そんなのB社の皆さんにも話してるに決まってるだろ」

「確かにそうだぁ」

「でも、あえてスペシャル感を与えられて、イヤな気持ちは誰もしないんだよ」

「面白いねぇ」

　賞賛しながら、コバゾーさんは立ち上がってカウンターの中に勝手に手を伸ばして新しいグラスを手にした。そして自分のボトルで新しい水割りを作って、カラカラとマドラーで回した。

「勉強になるから、おじさんに一杯、俺からのおごりだよ」

　ありがとう、と言いながら、エムは大きな声で厨房の中のママにサンマを注文した。

「今から釣ってくるからちょっと待ってて！」

　厨房の中からママが元気に返事した。

「ついでにもう一杯！」

そう言いながら、コバゾーさんは僕にも水割りを作ってくれた。僕は無言でぺこりとお辞儀した。

「スペシャル感以外にも、芸人が使っている方法論はまだまだあって、頭文字をとって、俺は五つのSって呼んでるんだ」

「五つのS？　俺たち職人の世界じゃ、整理・整頓・清掃・清潔・躾が五Sだね」

そういうコバゾーさんに、エムはオリジナルの五Sを紹介する。

「芸人の五Sは、スペシャル、スピード、ストーリー、シンプル、スマイルの五つだよ」

「へぇ〜、色んな五Sがあるんだねぇ」

エムは僕に背を向けたまま話し続けている。

「二つ目のスピードっていうのは簡単に言うとタイミングだな」

「タイミングは恋愛においても重要だ」

茶化すように違う話題を向けるコバゾーさんだが、エムは構わず話を続ける。

「早ければ早いほどいいものって案外ないんだよなこれが」

「そう？　仕事は早い方が喜ばれるじゃん」

「そうでもないんだよ。極端に早いと、大丈夫かって疑念が生まれるだろ？　スピード感は予測と密接に絡み付いているんだ。相手の予測を若干上回るスピード感がベスト。ディス・イズ・ザ〝スピード感の法則〟」

「へぇ、仕事も相手の予測よりも若干早くってことか……」

「そう。例えば、懐石料理を食べに行っていきなり全部出て来たらどう？」

「ビックリするね。懐石料理にならないよ」

「まだかな～、と思うより一瞬早くだよ。これが相手の喜ぶベストタイミング」

「なるほどねぇ」

「一方、ラーメン食べに行って十五分も待たされて、どうなっているのか尋ねると、会話をお楽しみくださいなんて言われたらどうだよ」

「これまたふざけているのかと思うよね」

「だろ？　芸人は、みんなが思うことをみんなが思うよりも一瞬早く差し込むプロだ」

「それがツッコミとやらの理屈なんだよねぇ。前に聞いたことあるよ。恋愛もタイミングなんだよなぁ。俺も、もう少し早くこの話、聞いてたらなぁ」

過去に何があったのか、コバゾーさんはまた言っている。


「で、五つのSの中で最も効果的なのが三つ目のS、ストーリーだ」

「ストーリー？」

「そう。どんなに面白い漫才でも、一部分だけを切り取って笑えないだろ？」

「そうだね。前後がいるよね」

「オチでドッカン！　とウケる落語でもオチだけ聞いても笑えない」

「そりゃそうだ」

「人を動かすにはストーリーが必要なんだよ」

「イマイチ俺には理解できないけど、おじさんが言うならそうなんだろうね」

そう言ってから、一息つくように、グラスの下に敷いていた布巾を手に取るコバゾーさん。そして丁寧にグラスの汗を拭き取って、また畳んでコースター代わりにグラスの下に置いた。エムは続ける。

「例えば、昼までに千枚コピーとか言われたらやってられないじゃん。でも、昼から偉い人が二十人集まる大事な会議があって、五十枚ずつのこの資料、完璧に揃えとかないとマズいんだよ。なんとか手伝って！　とか言われるとやれたりする」

「確かにそうだねぇ」

「やることは同じなのに、ストーリーがついているだけで人は動きやすいんだよ。ディス・イズ・ザ〝ストーリーの法則〟」

聞きたくはなかったけれど、耳に入ってくる情報はなかなか遮断できない。歌でも歌って、邪魔してやろうかと思いながら、もう一方で、確かに夜中の通販番組は誰もが共感できるような経験談というストーリーが満載だと、僕は思っていた。

（だから売れるんだよな……）

逆境に立ち向かって新製品を開発したプロジェクトチーム、そんな紆余曲折のストーリーを見せるような経済ドキュメンタリー番組が人気だし、芸能人の苦労話をＶＴＲにして見せられるだけで、好感度が上がって今さらファンになったり、楽曲を買ったりする。

（何も変わっていないのに、ストーリーを見ただけで確かにこちらの行動が変わる）

フーンと思うのだが気分は冷たいままだ。意味なくグラスの氷をかき回す僕に背を向けたまま、エムは熱弁している。

「ただ事実を伝えるのではなく、自分の経験や失敗談と繋げて伝えるだけで、情報は白黒写真がカラー動画に変わるかのようにイキイキと動き出すんだ。これがストーリーテリングという技法だよ」

「だから芸人さんは例え話が上手いのか」

上手い具合に相づちを打つコバゾーさん。

「そうそう、上手い芸人さんは、トークの話題を自然に自分の経験談へと繋げて、感情を動かして笑いを取るんだ。コバゾーさんも経験談を掘り出しておかないと」

「俺、芸人じゃねぇし」

二人のそんな会話を聞きながら、僕はエムがいつか、ディズニーランドのストーリーを絶賛していたことを思い出していた。

「ディズニーランドなんて、面白いストーリーをいっぱい作ってＰＲしてるんだもんな。本当に凄いぞ」

「どういうことでしょう?」

「だってミッキーマウスは、ランドにいる時はシーにいない」

僕はズッコケそうになった。そんなの誰だって知っている。

「あんただって、当たり前のようにこの作り話を受け入れてるだろ」

「そりゃまぁ、有名な話ですからね」

「ミッキーがここで写真撮影しているときは、他にはいない。離れた場所ならいいじゃないですか、ってスタッフに訊くと〝だってミッキーは世界に一人ですから〟って、……あのさ、……言いたくはないけどさ」

「なんでしょう?」

「着ぐるみだぞ!」

「そりゃそうでしょうけど」

「ストーリーを堅持しているから、みんなミッキーに会いたいって集まるんだよ」

「それが人気の理由なんでしょうかね」

「そうだよ。ミッキーがランドの中に五百匹いたら、絶対あんなに人気になってないぞ」

……発想はともかく、確かにそうかもしれない。

「あんたもストーリー作って仕事に活かしなよ」

エムは僕にそう言うが、朝礼で三分間スピーチに指名されるかもしれないと思うだけで、僕は口から心臓が飛び出しそうになるのだ。テーマを三分間でまとめることすらできないのに、ストーリーを作って活用するなんて絶対に無理だ。そう言う僕にエムは軽く言った。

「三分間スピーチなんて簡単だよ」

「咄嗟に三分間で起承転結なんて僕には無理ですよ」

「いやいや、起承転結、とか考えるから難しいんだよ」

「じゃ、PREP法とか、SDS法とかで考えるんでしょうか?」

「余計に難しいじゃないか。プリプリ法とか、俺知らないよ」

「知っててくださいよ。プリプリではなく、プレップですよ」

「必要ないよ。難しく考え過ぎ。三分間スピーチは、〝時事ネタ　↓　経験談　↓　繋げて　↓　まとめる〟これで完成だよ」

「あっさりしてますね」

「あんたも新聞くらい読んでるだろ? テーマに応じたニュースをまずは紹介して、テーマに関する自分の経験談を話して、その二つを繋げて、まとめるだけで起承転結っぽく簡単にできる。これだけで見事なストーリーテリングの完成だよ」

「へぇ～」

「毎日ひとつでいいから、ニュースと経験談を繋げてまとめる作業を続けてみなよ。すぐに営業トークが上手くなるから」

　そう言っていたエムだったが、コバゾーさんに同じことを言っている。コバゾーさんは「俺はいいよ。職人だから」と言いながらやんわり逃げる。コバゾーさんのあまり興味なさそうな感じを察したのか、エムは駆け抜け気味に残り二つを解説した。

「四つ目のシンプルは、できるだけ誰にでも分かる言葉で実際の行動に落としやすく伝えることで、五つ目はとにかく自分が笑うことだよ。感情は鏡のように反射するからね。相手になってもらいたい感情に自分がなること、自分がなりたい感情に相手になってもらうことだ。笑いに厳しい大御所だってカメラの前じゃ、あんなに楽しそうに手を叩きながら笑うんだからね。ディス・イズ・ザ〝シンプル＆スマイルの法則〟だよ」


　ここまで聞いた時点で、僕はエムがこちらに背を向けたままコバゾーさんだけに話しているこの状態に急に納得がいかなくなってきた。

（ていうか、そもそもなんで僕はいない体なんだ……）

　この思考がキッカケで、急に腹が立ってきた。ムカムカとした気分が込み上げてきた。僕の前頭葉が収縮した。眉間がしびれた。心がワァーッとなった。現実と妄想が入り交じった。キーンという耳鳴りがした。あの高校生三人組が突然蕾に乱入してきた。やっと見つけたこのオッサン！　少年Aが僕を指差して言った。少年Bが笑った。わざと椅子をガタガタと鳴らした。少年Cが僕の隣に座った。エムとコバゾーさんが迷惑そうな顔をしている。そういうのやめろよ。僕は言った。三人ともニヤニヤ笑っている。無視しようと思った。天井から何かが落ちて来た。パラパラと僕の頭に当たった。跳ねた。クスクスという笑い声がした。小さく丸めた銀紙。大量だ。ガン！　ガン！　とカウンターを叩く大きな音がした。視線を向けた。瞬間、大量のツバを吐きかけられた。視界が白く汚れた。汚くてイヤだった。拭った。拭った。拭っても拭っても汚れはとれない。不快な感情が僕の心の大部分を支配した。くそぉっ！　くそぉっ！　くそぉっ！

「もうさ、理屈はいいんだよ」

僕の口から、思わず声が出た。その瞬間、高校生三人組は耳鳴りとともに消えた。鍋のフタが重くてなかなか外に出られなかった蒸気が、鍋とフタの隙間から一気に吹き出すように、細いけれど勢いのある突き刺すような言葉が僕の口から吹き出した。

「え？」

ビックリしたように僕を振り返るエムに、僕はもう一度言った。声がさっきより少し大きくなっていた。

「もうさ、理屈はいいんだよ！　理屈だけ知っても、自転車こげないじゃん！　速く泳げないじゃん！　ホームラン打てないじゃん！」

脈略があるのかないのか分からないようなことを連呼しながら、僕は畳み掛けた。コバゾーさんの目が、丸いメガネの奥で小さくて丸い点になっている。ママは何ごとかとチラッと厨房から顔をのぞかせたがすぐに引っ込んだ。

「あんた、そうは言うけど、理屈を知って取り組むことは大事なんだぞ」

慌てたように言い返すエム。

「理屈通りに会話して上手くいくなら、誰も苦労なんかしないだろ」

「いやいや、闇雲な努力は続かないだろ？　それに成長を実感することもできない」

「あえて努力して失敗するなら、努力しないほうがいいだろ」

「あんたそれは違うぞ」

「恋愛マニュアル通りにトークして失敗した人が、またそのマニュアル通りの理屈で話そうと思うか？」

「そこは感性だよ。良かった部分を見つけるんだよ」

「そんなこと言ったらなんでもOKじゃないか」

ここでコバゾーさんが、吸っていた煙草を灰皿に置いて、たまらずなだめに入った。

「まーまー、お二人さん」

それでも止まらない言い合いに、コバゾーさんが何度も大きな声で、「まーまー」「まーまー」「まーまー」と言うものだから、何を聞き間違えたのか、ママがのれんの奥から顔を出した。

「呼んだ？」

「呼んでねぇよ！」「呼んでないよ！」「呼んでませんよ！」

三者三様の言葉を同時に浴びせられ、バツが悪そうに厨房に引っ込んだママの天然さが、僕の頭に少しだけ冷却効果をもたらした。おかげでコバゾーさんが作ってくれた水割りを手にする余裕ができた。大汗をかいているグラスを手に取った。一口というには多過ぎる量をゴクリと飲んだ。僕は電車の中の出来事をあえてエム越しにコバゾーさんに説明した。ふんふんとうなずくコバゾーさん。

「それはムカつくよな。そんなガキは殴ってやればいいんだよ。コバパンチ！　で全員ノックアウトだよ」

そうは言っても、実際にそんなことできるわけがない。こっちがやられた上に警察沙汰になっているのがオチだ。僕は言った。

「この人から共感を取ることが大切だって聞いたばっかだったし、誰もが嫌がっていたから、共感してもらえると思って、注意したんですよ」

「なるほどねぇ」

「笑いの働きかけの活用で、今までできなかったことができると勘違いしたんですよ」

「う〜ん……」

言葉に困るコバゾーさん。今度はエムが口を挟む。

「それ、間違えてないと思うけど」

僕はまたカチンときた。

「何言ってんだよ！　それで迷惑になったんだよ。足をわざと踏まれたし、読んでいる本に痰だよ……」

ここまで口にして、感情が高ぶってきた。

「読んでる本……取り上げられて、……痰……吐かれて……って経験ある？」

僕は涙声になってしまった。

「面と向かって殺すなんて言われたの初めてだよ！　ツバを吐きかけられたし……、くそガキ……あんなに大量……ツバ、思い出したくもないよ」

感情に任せて僕は言った。剛を柔で受け止めるかのように、エムは急に静かな口調になった。そして諭すように口にした。

「上手くいかないことだって当然あるよ。トップ芸人だって予測を裏切ったつもりが裏切れてなかったり、共感をとれていなかったりしてスべることあるんだし」

そんなことは分かっている。でもそんな理屈で納得して我慢しろと言われても収まらない。僕は言い返す。

「結果から考えると、今まで通り放っておくのがベストだったんだよ」

「それだと人生は変わらないぞ」

「わざわざ、失敗を積み重ねたくないんだよ、僕は」

「いやいや、それだと人生は変わらないんだぞ」

エムは同じことをもう一度言った。

「僕の人生が、このままだとダメになるような言い方はやめてもらえますか」

そう言った僕に、エムが何かを言いかける。

「このあと……」

「もういいですよ！」

僕はエムの言葉を遮った。しかしエムは強引に続ける。

「いやいや、このあと仕事が上手くいかない状態が続いて、思わず飲み過ぎて、泥酔して事故、なんてことになりかねないんだろ」

「なりませんよ。わけの分からないことを言わないでもらえますか」

そんな僕の言葉に反応せず、エムはまとめるように言った。

「とにかく、できることをできるように理屈を知って積み重ねることは間違いじゃないんだよ。失敗はあっても乗り越えることが大切だよ」

僕はこの達観したような言い方にメチャクチャ腹が立った。感情が一瞬でレッドゾーンに吹き上がった。そして、僕の頭頂部から出た今日一番大きな声がエムの言葉を遮った。

「もういいよ！　そこまで言うなら、その理屈でトップの漫才師になってみろよ！」

この言葉が指揮者のストップの合図だったかのように、蕾という居酒屋の中の音を発するモノ全てが演奏を止めた。一瞬、シーンとした。エムは悲しそうな顔をした。

「あんた、そんな……。無茶を言うなよ……」

明らかにショックを受けた表情のエム。言ってはならないことを言ってしまった感覚が僕の中にあった。誰だって、過去に頑張ったけれど上手くいかなかったことをほじくり出して言われたくはない。こんなときは、できれば時間を巻き戻したいがそうはいかない。

「ちょっと言い過ぎなんじゃない？　訂正したら？」

コバゾーさんが助け舟を出してくれた。気持ちを切り替えて助け舟に乗れば済むのにそれもできない。だから人の世には、もめ事や後悔が絶えないのだ。僕の口は勝手に言葉を続ける。

「訂正なんてする必要ないですよ。理屈でうまくいくなら、今からでもこの人がトップの漫才師になってみせればいいんですよ。そしたらすべて信用してあげますよ」

「いやいや……」

「コバゾーさん、俺、本当にイヤな思いしたんですよ。この人の言うことを参考にして、たくさんの知らない人に迷惑だってかけたんですよ……。何もしなかったら、今まで通り、普通に出張に行って、普通に帰って来れたんですよ……」

まさか泣けてくるとは思っていなかった僕だったが、感情が高まってなんだかウルウルとしてきた。エムは今までに見せたことがないような悲しそうな表情をしてうつむいている。コバゾーさんは、三人分の水割りを黙って作ってくれた。グラスの中でカラカラと行き場なくぶつかり合って回る氷の音だけが響いていた。

このタイミングで、知らない二人連れのお客さんが蕾に入ってきた。ほろ酔い気分で楽しそうだ。入り口近くとカウンターの奥とでは赤道直下と北極くらいに気温が違うように感じられた。

ママが厨房から出てくるのを合図にエムが言った。

「おかえりぃ〜！」

「運動会が終わるんだ」

一瞬なんのことやら理解できない僕とコバゾーさん。

「今週の日曜日に運動会が終わるんだ。だから来週、ミヨシさんがカウンセリングに来るんだ。良かったら手伝いに来てもらえたら嬉しいよ」

そしてエムは静かに席を立った。これ、と言って五千円札を一枚カウンターに置こうとしたが、僕は今日はいいからと断った。エムは何も言わず財布に戻した。大きな背中がもの凄く寂しそうだった。僕は後悔した。エムが悪いわけではないのだ。そんなことは分かっている。でも、あの日の出来事は、エムにぶつける以外になかった。

僕はミヨシさんのカウンセリングの手伝いに行くと約束した。それまでにこの店でお酒でも飲みながら上手く仲直りができればいいと思った。そんな僕の後悔に気付いているのだろう。エムが去ったあと、コバゾーさんが優しく言った。

「この、バカチンがぁ〜」

今でもときどき、僕は電車の中での出来事からエムと言い合いをしてしまったあの日までのことを思い出して考える。スポーツでも勉強でも、人が飛躍するとき、産みの苦しみというか何と言うか、その直前にはエネルギーを溜めるような停滞した時間が存在するものかもしれない。ハードにトレーニングするとひどい筋肉痛に襲われて動けなくなる。でもその後、劇的に筋肉がつくものだし、成績だって停滞した直後にググッと伸びたりする。僕にとって電車の中での出来事から後しばらくは、そんな期間だったのだろう。その証拠に、あの直後から絶好調の波が押し寄せてきたのだ。

三日後、出張帰りの新幹線の中でのことだ。これまでの僕ならあり得なかったことだが、たまたま隣に座っているおじさんと目が合った瞬間、何気なく会話が始まったのだ。僕の何かが変わっていたのだろう。ものの数十分で仲良くなった。某企業の広報部の課長だった。そして、うちの会社にも営業においでよと言われたのだ。ちなみにこの会社とは今でも取り引きが続いている。

いつも何かと気に掛けてくれていた、トップセールスのマサト先輩に誘われて参加した異業種交流会があった。出張帰りで、とにかく早く帰って休みたかったのだが断りきれなかった。マサト先輩の後ろで、キャリーバッグを引きずって歩きながら、僕はエムの言葉を思い出していた。

「イヤなことをやる時や参加したくない会に参加しなければならない時は〝せっかく……するんだから〟、ネガティブなことが起こった時には〝せっかく……が起きたんだから〟という接頭語を付けてあえて口にするんだ。これだけで、その後に続く思考が勝手にポジティブになる。知らず知らずにできないことを探すのではなく、できることを探すようになるんだ。人生変わるぞ。ディス・イズ・ザ〝せっかくだからの法則〟」

そんなエムの言いつけ通り、せっかく参加するんだから……と口にした僕の頭に浮かんだのは、名刺の二～三枚だけでも交換して帰るかという考えだった。

この時に交換した名刺の一枚が金の名刺だった。この一枚から紹介が紹介を生んで、仕事がいくつも繋がった。この時につまらなさそうに部屋の隅で黙ってジッとしていたらどうなっていたかと考えるだけで恐ろしい。この時にこういう形で訪れるものだと後になってから気付いた。チャンスの女神には前髪しかないという言葉の意味が分かった。バラバラだった風景が、すべてクモの糸で繋がっているような感覚に襲われたものだ。


そう言えば、ダメ元で何度もアプローチしていたシブカワさんとアポイントを取ることができたのは、エムと言い合いをした二週間後だった。電話口でシブカワさんが言った。

「いつも言っているようになかなか時間がないんだよ」

「ほんの十分で結構です。ぜひ、お会いしてお話しさせていただきたく思いまして」

「何度も連絡してくる君の熱意は認めるけどさ」

「なんとかお願いします」

そしてしばらくの沈黙の後、シブカワさんは言った。

「……分かったよ。来月で良ければ会ってもいいよ」

「ありがとうございます。必ず、弊社の良さを感じていただけるように頑張ります」

「そのときに私がいいと思わなければ次はないからね」

「承知しています」

「楽しみにしてるよ」

この日から数週間、僕は人生史上最大の努力をした。プレゼン資料の作成はもちろん、知り合いの知り合いを頼ってシブカワさんの情報を聞き出したり、無駄になるかもと思いながらもかなりの時間をかけて紙に営業トークの原稿を書き出したりした。

どうして、実績も何もない僕と会う決断をしてくれたのかと後々になってシブカワさんに尋ねたことがある。すると予想したのとは全く違う答えが返ってきた。

「きみ、一生懸命だったからね」

そこですか！　と僕は正直思った。会社の営業体制でも企画力でもサービスでもなくそこですか！　と。でも、一生懸命にできることは本当に大切なことだと今になって思う。

今でも目を閉じるとシブカワさんの毛深い腕が浮かんでくる。毛深い人は情深いだなんてよく聞くが、これほどいい加減なカテゴライズもないと思うのだが、シブカワさんに関してはドンピシャで言い得ている。本当に優しくて、そして熱い人だ。僕はこの十九年間で、何度も何度もシブカワさんに助けられた。シブカワさんに応援されていなければ、今の僕は絶対になかった。だから僕はビジネスパーソンにとって最も重要な能力は、間違いなく〝人に助けてもらったり、応援してもらう能力〟だと断言する。

今でも忘れられない記憶として残っていることがある。

まだ取り引きが始ってすぐの頃、シブカワさんから数十種類あるシリーズ商品のカタログ制作を任されたことがあった。最終的にそれぞれ数万部ずつ印刷するのでかなりの額の受注になった。当時の僕にとってはやっと巡ってきたチャンス、これ以上ない大きな仕事だった。デザインから撮影やレイアウト、細部のコピーに至るまで、最高のスタッフを揃えて気合いを入れて取り組んだ。何度も校正を重ね、シブカワさんのＯＫも出てデータが印刷に回ってやれやれとなった数時間後、シブカワさんからの電話が鳴った。

こういう時は虫が知らせてくれるものだ。なんとなくイヤな予感がした。

「社名のアルファベット、間違えています」

この時、僕の心臓は人生最大の大きさで脈打った。その後、細かく激しく鳴り続けて止まらなかった。震える手で原稿を確認すると、あろうことか確かに商品名のすぐ近くにある社名の一文字が違っている。こんなに目立つ場所にある、しかも社名のアルファベットに間違いが……。まさかの大失態だった。細かなところにばかり目がいって、まさかの、まさかのど真ん中の社名の間違いに誰も気付かず、印刷まで回ってしまっていたのだ。まだほとんどプレッシャーのかからない最初の時点で誰かが気軽に入力した間違い、それが最後の最後まで残ってしまっていたのだ。ミスは思わぬところにあるものだ。唯一の救いは、まだ納品前にシブカワさんが気付いてくれたことだろうか。

「大変です！　ミスです！　社……社名間違いです！　刷り直しです！」

僕の大きな声を合図に、社内は蜂の巣をつついたような騒ぎになった。

「とりあえず、印刷、止めます！」

サナエ先輩が慌てて印刷会社に連絡を入れ、もう回り始めているはずの印刷をとにかく止めてくれた。印刷会社の担当はブツブツと文句を言っていたそうだが聞いているヒマもない。既に刷られた分の、金額交渉は後回しだ。制作チームにはデータの修正をお願いした。ことの重大さに制作チーフの顔はガミラス星人のように青かった。

「申し訳ありません」

うなだれるチーフに、僕は震える声で応じた。

「ぼ……僕の責任です。僕の確認ミスです……」

今さらだけれど何度も確認したのだろう。数十分後に、刷り直し用のデータが完成した。データを持って来た制作チーフの顔は、まだ青いままだった。

印刷には段取りがあるので順番がある。もともとがギリギリの工程だ。刷り直しを後回しにされてしまうと、納期を何日遅れてしまうかも分からない。顔が利く関西出身のカワムラ先輩が刷り直しの交渉を引き受けてくれた。十数分の交渉の末、まだ電話で話し中の先輩の片手が頭上でＯＫサインの形になった。心の底からホッとした。なんとかすぐにねじこんでもらうことに成功した。これでなんとか納品の遅れは一日で済みそうだ。実際の傷口は最低限だ。しかし、失ったものは間違いなく大きかった。

(いったいいくらの損失が出るんだろう……)

(僕のせいで、会社の信用が……)

(これできっと契約は打ち切りに……)

僕の頭の中では、真っ黒なヘビが何匹もグルグルとトグロを巻き続けていた。

「こりゃ、さすがに笑えないな……」

そう言ったユウスケ君の言葉が一番効いた。外では夕陽が沈みかけていた。

翌日から、会社に大きな損害を与えてしまった僕の信用は失墜し、せっかくスタートしたシブカワさんとの取り引きも終了、当然ながら社内での立場もなくなり、僕は失意の日々を送ることになる……ハズだったのだが実際は違った。

シブカワさんが、「確認を怠った自分のミスでもある」と言い切って、全身を盾にして僕たちを守ってくれたのだ。納期に遅れ、その理由が社名間違いというあり得ないトラブルに対して、担当者が非を認めて取り引き先をかばうなんて普通はあり得ない。この点に関しても、シブカワさんはこう言う。

「私が自分で選んだ営業マンであり、取り引き先ですから」

思い出すだけで、僕は涙が出そうになる。それだけにとどまらず、「自分のミスでもあったので」と、その後数回にわたりさらなる仕事を約束してくれた。その上、織り込み済みの値引き交渉を明らかに手加減してくれて、損失のかなりの部分を補填してくれた。さらにさらにその上、わざわざうちの会社にも足を運んでくれたのだ。

シブカワさんが来社するというので、女性スタッフが朝からお茶出しの練習までしていたのだが、その席で上司を相手にやたらと僕を立ててくれるものだから、この日を境にみんなの僕を見る目が変わった。ここだけの話だが、上司よりも誰よりもサナエ先輩の僕を見る目が変わったことがこっそりと一番嬉しかった。それに、今までは何だったんだよと思うのだが、ユウスケ君が僕のことをライバル視し始めた。とにかく、この日を境に、僕の株は暴落するどころか上がったのだ。シブカワさんは、僕の恩人ナンバーワンである。

何かのネタにこの話をすると、こう呟く若者が必ずいる。

「私もシブカワさんのような人と出会えたらなぁ」

この考えは大きな間違いだ。ある日の蕾でサンマをつつきながらエムは言っていた。

「自分の番組を通じて若手芸人をたくさん世に出している大物MCがいる。若手芸人はみんな、あのような大物MCに自分を紹介してもらえるようなキッカケはないかと夢見ているんだよ。でも、彼らは当たり前の大切なことを忘れているんだなこれが」

（なんだろう？）

「あの大物ＭＣがいたからこそ、世に出ることができなかった芸人は、その何十倍もいるってことをさ」

僕の箸が動きを止めた……。

つまり、シブカワさんやその大物ＭＣといった人の資質の問題ではないのだ。出会う相手が自分の人生の中で果たす役割は、自分と相手との関わり合いの中で生まれる目に見えない何かなのだ。だから、半分は出会う相手の問題ではなく、自分の問題なのである。

出会いを夢見るよりも、自分を見つめ直して、努力しながら、今近くにいる人を大切にすることだ。日々、何の努力も準備もせずにキーパーソンに出会っても、相手はキーパーソンとして機能せず、きっと出会いというキッカケにはならないのだと思う。

エムがいたからこそ、シブカワさんは僕のキーパーソンになった。だから、そんなキッカケを与えてくれたエムには今でも最大限の感謝をしているのだ。


あの頃必死で頑張ったおかげで、僕はこうして社用車で移動する身分になれた。もはやテレビやラジオにかじりついて必死で見る歳ではなくなったが、車の中でタイミングが合えばいつも聞いているラジオ番組がある。その番組は軽快なアップテンポの音楽でスタートする。その音楽に乗った軽快なオープニングトークに、僕はいつも自然と笑顔になる。数年前、社用車に乗っていて、たまたま見つけた番組だ。ある時、秘書がこの番組のＤＪをしている二人組のファンだと言いながら名前を尋ねてきたことがある。僕は答えた。

「トップスターズだよ」

巷で言う引き寄せの法則、僕はこれ本当にあると思う。不思議なことに必要な時に必要なものが目の前に現れるのだ。過去に一瞬だけ交差した糸が、形を変えて時間を超えて、また目の前で交差する瞬間だって訪れる。例え一方通行であっても……。

エムの太った身体と大きな背中、色白の肌と小さな目、後頭部の刈り上げを思い出しながら、僕はラジオに聴き入りながらしみじみと思った。

（トップスターズの二人、しっかり売れたもんなぁ……。あの時とは、トークの〝間〟が全然違う）

そう言えば、エムは間についても語っていた。

蕾で出会って飲んだあと一緒に店を出ると、僕たちはいつもしばらくの間並んで歩いた。エムがどこに住んでいるのか、僕は知らなかった。でもとりあえず帰る方向が同じだった。並んで歩くと、僕の右手とエムの左手がよくぶつかった。その度に、エムは「あんたがそっち歩くからダメなんだよ」と言って右と左を入れ替わるのだが、それでも今度は僕の左手とエムの右手がぶつかった。

店を出て右方向、川から離れていく方向に十分ほど歩くと〝けやき通り〟にぶち当たる。両サイドに並ぶ街路樹が美しい片側一車線の小さなストリートだ。ここまで来ると、僕は右に、エムは左に手を振って別れる。お互いにホロ酔い気分のある日、店の外に出て夜風に当たった瞬間、う〜〜ん！　と短い身体を精一杯伸ばしてエムは言った。

「〝間〟というのは〝魔〟なんだよ」

「何を言っているかよく分かりませんけど」

「漢字にするとよくわかる」

「会話ですから」

　そう返した僕に、最初の〝ま〟は間合いの間で、次の〝ま〟は魔法の魔だと説明してからエムは続ける。

「お笑いの世界では、間次第でウケ方がまったく変わる」

「そうですよね」

「間って、誰もが普通に使う言葉だけど定義は難しいんだよなこれが」

「まぁ、強いて言えばタイミングのことでしょうか？」

「いやいや、野球の投手が間をとるというときの間はタイミングじゃないだろ」

「う〜ん、確かに、休憩に近いニュアンスかもしれませんよね」

「そうそう。間の悪いことに鉢合わせしてしまった、とかいうときの間はタイミングに近いね。でも、さっきのプレゼンは間が悪い、と言うときの間にはタイミング以外の何かが含まれている」

　酔っ払った頭の中では、消化されないまま同じ言葉がグルグルと回っている。

「剣術でいうところの間は、分かりやすく言えば距離感を指すけど、単なる距離だけじゃない何かを含んでいる。だから相手や状況によって間は変わるんだよなこれが」

「考え出すと、間ってかなり難しい概念ですよね」

「そう、動きの場合は静止、喋りの場合は沈黙、音楽の場合は無音、ということになる」

「確かに」

「でも、その状態そのものじゃないんだよな。そこから生まれる何かをを含めて間だ。間があるからタイミングが生まれて、そこから生み出される何かが結果に影響を及ぼすんだよなこれが」

「要するに、営業トークでも、間を意識した方がいいってことですよね」

考えるのが面倒くさくて、まとめにかかった僕だったが、エムは終わらせてくれない。

「そうそう。つまり、間ってのは、何かを生み出すための静止や沈黙や無音なわけだ」

「そういうことですね」

「能動性があるということは、つまり、静止は動きを止めるという動きで、沈黙は何も言わないという言葉で、無音は音がしないという音なんだ」

「う〜ん……酔った頭で考えるのは難しいですね」

「ま、間には六つの効用があることだけ知ってるといいよ」

「三つにしてもらえませんか？」

「分かった。そうしよう……ってわけにいかないだろ」

「予測の裏切りですよ」

「でも、まぁ、確かに説明するのも面倒くさい」

「でしょ」

「でもさ、のりかけたご飯だから」

「のりかけた船じゃないでしょうか」

「そうそう、だから簡単に言わせてもらう。間をとることで生まれるのはこの六つだ。余韻、予測、整理、想像、強調、前兆」

「へぇ〜……」

エムはサラッと口にしたが、確かに間を取ることで余韻を残したり、予測させたり、整理や想像する時間を与えたり、直前の単語を強調したり、何かの前兆を演出することができる。これは深い。

感心する僕にエムは言った。

「ディス・イズ・ザ〝間の法則〟。わかったか？」

「わかりました」

「じゃ、最初から六つ全部言ってみて」

「言えませんよ」

この後、僕はエムと別れるまでの時間ずっと、六つの効用を暗唱させられた。

これ以降、エムとこの話題になることはなかった。でもこの日以来、僕はプレゼンで間を意識するようになった。話そう話そうばかりでなく、話さないことも意識できるようになったのだ。それだけでも僕にとってはプラスだったんだろうと思う。

ミヨシさんの二回目のカウンセリングまで、蕾で五回ほどエムと会った。いつものように僕はエムの隣に座った。エムもいつものように僕の隣に座ってきた。いつものようにお酒を酌み交わした。いつものようにコバゾーさんも交えて笑った。いつものようにコーちゃんのホクロをプッシュした。シゲちゃんの熱い話にみんなで頷いた。でも、何かがいつものようではなくなってしまっていた。

9　ミヨシさん

ミヨシさんのカウンセリングの日の朝は来た。

笑いの科学株式会社でアルバイトをする日は、これまで例外なく晴天だった。僕とエムのどっちが晴れ男だとか笑いながら言い合っていたものだ。なのにこの日は雲行きが怪しかった。ひとつひとつの雲にエンジンが付いているのかと思うくらいに、西から東へと孫悟空でも乗っているかのごとく、猛スピードで流れ去っていく。朝起きて窓から空を見上げながら、僕は雲ってこんなに速く動けるんだと思っていた。しかし、自転車に乗って家を出る頃には、空は雲の塊で一杯になっていた。空＝雲を背景に、いつもの道なのに、いつもよりなんだか心がそわそわした。僕は、エムがいなければどうしようと思っていたかもしれない。シノダ石材店がなければどうしようと思っていたのかもしれない。なんだか意味なく焦った。無意識にペダルを漕ぐペースが速くなった。

笑いの科学株式会社に到着した。当たり前のようにシノダ石材店はいつものようにあった。でも僕の心のそわそわは収まらなかった。階段を上がった。入り口から中をのぞいた。エムは既に掃除を済ませた様子で、いつものソファにいつものように座っていた。ただいつもと違ったのは、エムは青いスーツではなく真っ赤なTシャツ姿だった。

「今日はスーツじゃないんですか？」

僕は開口一番、挨拶もせずにそう尋ねた。

「ミヨシさん、二回目だからね」

二回目だからTシャツでいいという理屈はないと思うのだが、エムは涼しい顔をして赤いTシャツの裾をつかんで顔の汗を拭う。Tシャツがのびるんじゃないかと、僕はどうでもいいことが気になった。

「ミヨシさん、クラス運営上手くいっているでしょうかね」

そう尋ねる僕にエムは目を合わせずに答える。

「さあ、どうなんだろう？　それはミヨシさんに訊いてみないとな」

あまりにも普通の会話に僕は少し悲しくなった。僕たちの間では、当たり前ではない会話がいつの間にか当たり前になっていたのだ。目に見えない誰かの手が、僕の肋骨の中で僕の心臓をそっと掴んだ。そしてほんの少しだけ握力を加えた。僕の胸が少しだけ苦しくなった。壊れた橋を探す僕の目線が、二人の間に横たわる水面で泳いだ。

僕の人生そのものに演出家がいるとするならば、きっとかなりの腕なんだろうと思う。ギクシャクした空気の中、展開に行き詰まったこの瞬間にミヨシさんを登場させるのだからタイミングが分かっている。今回の登場は見事なくらいに唐突だった。階段を駆け上がる靴音に気付くと同時に、勢い良く戸が開いたのだ。おそらく階段を脱兎のごとく駆け上がってきたのだろう。ミヨシさんの姿が視界に現れた瞬間、部屋の空気が変わった。

「…こんにちは！」

僕たちの顔を見て、コンマ数秒の間を置いてから、ミヨシさんは明るく挨拶した。このたったコンマ数秒が、僕にはスローモーションに感じられた。ミヨシさんの笑顔を見て、僕の胸の中のつかえのようなものが取れた。上手くいったことは歴然だった。

「プラスの行動、あえて一緒にやってみた？」

エムはミヨシさんを招き入れるよりも先に話しかけていた。

「二学期の初日から、朝礼の後に拍手とハイタッチをやってみたんです」

ミヨシさんは明るく答えながら、ニコニコと部屋の中に入ってきた。今日のミヨシさんは、胸にワンポイントがあるピンクのシャツに、白いひだひだのスカート姿だった。僕たち三人は奥のソファに移動した。

「一カ月間、我慢して続けられたか心配していたんだよ」

そう言うエムだったがミヨシさんは絶好調だ。

「一カ月どころか、たったの一週間ですよ。月曜日に始めて、週末には馴染んでました！　放っておいても、子どもたちは当たり前のようにハイタッチするようになっていました！」

学校であった出来事を、家に帰ってくるや否や慌てて親に話す子どものように、ミヨシさんは話し続ける。

「ハイタッチなんてね、子どもたちに強要して大丈夫かと正直思っていたんですよ。でもやってみると、案ずるより産むが易しですね」

「そうそう。俺の言った通りだろ？」

得意げに胸を張るエム。そんなエムを見ながら、ミヨシさんは続ける。

「確かにクラスの一体感は増したし、授業中に下を向いている子どもも減りました。自分から手を挙げる子どもも増えましたから、前向きになったんですね。お隣の二組の先生も、うちのクラスが急にまとまり出したので、何か魔法でもかけたのかって驚いてましたよ」

おしゃべりのエムですら口を挟むヒマがない。何度か、え〜、え〜、とタイミングを計っている。そんなエムがやっと隙を見つけて言葉を挟んだ。

「良かったですね。で、どうでした？」

「何がですか？」

とぼけるミヨシさんに、エムは「応援合戦ですよ！」と言いながら身を乗り出す。その瞬間、ニンマリと顔からこぼれてしまいそうな笑顔をたたえて、ミヨシさんは言った。

「よくぞ聞いてくれました」

その言葉に期待感いっぱいで僕も身を乗り出す。ミヨシさんは僕たちをじらすかのように、もったいつけながら言った。

「お昼の時間のメインイベント、応援合戦、全学年を通じて……、準優勝でした！」

「おぉっ！」

思わず声をあげた僕に、ミヨシさんは視線をチラッと向けた。

「やったねぇー！」

エムは、顔の小さなパーツを中央に寄せて、ミジンコのような両腕で拍手を贈りながら喜んでいる。

「優勝は三年一組だったんですけど、一年生で準優勝って凄いことだ、史上初だって、他の先生たちはもちろん、校長先生にも褒められました」

そう言うミヨシさんは本当に嬉しそうだ。

「みんな本当に頑張ったんですよ！」

ミヨシさんはウルウルとしながらそう続けた。きっと運動会の当日は号泣だったんだろうなと思いながら、僕もウルウルした。

「それから隣のクラスにはいるけど、私たち三組にはいないって言ってたじゃないですか」

「あぁ、リーダー的存在のことだよね」

エムの合いの手をキッカケに、ミヨシさんは怒濤のように話し出す。

「いたんですよね〜。お父さんと二人暮らしのナカジマくんという生徒なんです。目立たないんですよ〜。覇気のない生徒で、最初はこの子が団長では無理だと思っていたんですよ。でも、何度か膝を突き合わせて話すうちに、あれよあれよとみんなを巻き込んで、『せっかくいいクラスになって来たんだから、想い出作りに応援合戦で優勝しようぜ！』なんて言い出して、お昼休みはもちろん、塾や部活で放課後が忙しいなら朝しかないだろうと、朝の七時にみんなで学校に集合して練習してたんですよ。もう感動的でした」

エムはまるで我が子を見るように、うんうん、と頷きながら話を聞いている。

「応援合戦の結果発表の瞬間は、準優勝できた嬉しさと、優勝できなかった悔しさが入り混じって大変な騒ぎでした。私、うれし泣きと悔し泣きを同時にしたのは初めてです」

確かに、嬉しさと悔しさがどちらも泣きたいくらいの勢いで襲ってきたらどんな顔をして泣けばいいのか、僕にも分からない。

「誰も応援団長をやりたがらないので、ホームルームで無理矢理な感じだったので大丈夫かと思っていたんですよ。でも人ってキッカケ次第でどんどん成長できるものですよね。特に子どもの可能性は無限大です。今ではクラスの誰でもがリーダーになれる素質を持っていると思えるようになりました。キッカケをしっかり与えて、成功体験を積ませてあげられるように見守ることですよね」

ミヨシさんの話はいつまでも続きそうな勢いだ。子どもの可能性をキラキラと語るミヨシさんだが、少し前のミヨシさんを知っている僕は、大人だってキッカケひとつで変われるじゃないかと思った。年齢なんて絶対に関係ない。

このタイミングで、背中しか見えていないがウルウルしているはずのエムが、ゴホンッ！　ゴホンッ！　咳払いをした。僕は咄嗟に机の上のＣＤプレイヤーを探した。いつものところにスタンバイされていた。この席に座ると、身体が勝手に助手として動くのだ。

（まるでパブロフの犬だな）

そう思った。スイッチを入れた。流れてきたのは、表彰式でよく使われるＢＧＭだ。なんていう曲だっけ、そう、ベートーヴェンだ。確かタイトルは〝見よ、勇者は帰る〟だ。

〝チャーンチャーンチャチャチャーンチャン♪

チャカチャカチャンチャンチャン♪　チャーチャラリラ♪

チャカチャカチャンチャンチャーンチャーン♪

チャンチャンチャーンチャチャーン♪〃

勝者を讃えるBGMを聴きながら、僕はふと、もしミヨシさんの取り組みが上手くいっていなければどうするつもりだったんだろうと思った。CDプレイヤーはひとつしかないのだ。もしかしてエムはすべての結果を既に知っていたのだろうか。

(もしかしてエムは未来から来た人だとか……)

僕の中であり得ない疑問が言葉になった。

(でも未来から来たって……いやいやそんなSFのような話があるわけがない。なにより未来から来たにしては太すぎる。いやいや、そうかそうか、BGMを流さなければ済むことか。そうだそうだ。うんうん)

僕はひとり勝手に納得して苦笑いした。

「おめでとう！　賞品はないけどね」

表彰式のBGMが流れ終わってからそう言ったエムにミヨシさんは答えた。

「何を言ってるんですか。素敵なご褒美を既にもらってますから、他には何もいりません」

「クラスがまとまって、応援合戦で優勝までしたなんて最高のご褒美ですよね」

そう言う僕に、ミヨシさんはニヤッと笑って「それだけじゃないんですよ」と言いながらカバンの中から封筒を取り出した。

「手紙ですか?」

「手紙というよりは、招待状のようなものでしょうかね。運動会の翌日、応援団長をしてくれたナカジマくんにもらったんですよ」

手紙を差し出すミヨシさんに「読ませてもらっていいの?」とエムは珍しく控えめだ。この人にもデリカシーというものがあるんだと、僕は思った。

「あんた声出して読んでよ」

エムが振り返ってそう言うので、結局僕が読むのかと思いながら分厚い手紙を受け取った。可愛いイラストどころか、飾りすらないシンプルな便せんだった。墨で引いたような薄い緑色の罫線だけが、かろうじてレポート用紙ではなく便せんだと主張している。ところどころでバランスを崩した大きな幼い文字がはみ出している。発信者が文字を書き慣れていない少年であることは一目瞭然だった。

(文章を音読するなんていつ以来だろう)

そう思ってから、僕は声を出して読み始めた。

Dear　ミヨシ先生
中学に入学して、一年三組になって、ぼくは最悪と思っていました。たんにんは若い女の先生でたよりないし、クラスに面白いヤツもいないし、かわいい子もいないし、なんのとりえもないし、ダメなクラスだと思っていました。
ぼくは一人っ子です。おまけに母もいません。ぼくが生まれてすぐに死んだと聞きました。でも、本当はどうか知りません。写真もありません。今さら、本当は知りたくもありません。ぼくは今、父と二人です。帰りが遅いし、何日も顔を見ないこともよくあります。知らない女の人を家に連れてきたりするし、酔っ払ってなぐられたりすることの方がイヤなので、顔を合わせない方がうれしいです。こう言うと、かわいそうだと思うかもしれませんがそんなことはありません。宿題をしなくても、学校に行かなくても、誰からも何も言われません。ぼくはこのくらしが気に入っています。

ナカジマ君の手紙の文字を目で追いながら、僕は自分の父親のことを思い出していた。父親という圧倒的に強い存在に暴力を振るわれる気持ちが、僕にはよく分かった。ナカジマくんって、どんな生徒なんだろう、僕は会ったこともない少年の姿を想像しながら、自分と重ね合わせながら続きを読み進める。

だからぼくは人が苦手です。友だちを作るとめんどくさい。運動会の応えん合戦だって、勝手にやってればいいと思っていました。でも三組にはリーダーがいません。ミウラくんがぼくに団長をたのめばと言ったときはムカつきました。ミウラくんとは小学生から同じです。ぼくがじゅくもないし、遅くまで帰らなくても誰もおこられないヒマな人間なことをよく知っているのです。二学期が始まってすぐ、ミウラくんは川で遊んでいて土手から落ちたとか言っていました。でも本当はぼくが思いっきりなぐりました。

みんなやりたくないから、ぼくがすることになってしまった応えん団長です。何もしないで運動会が終わるまでじっとしていようと思っていました。てきとうに学校も休めばいいと思っていました。でも先生がそうさせてくれなかった。なんで応えん合戦なんてものに、こんなにいっしょうけんめいになれるんだろうかふしぎでした。

ぼくが応えん団長に決まったその日から毎日一時間も二時間も話をしてくれた。ぼくは思いました。今までのぼくとこんなに話をしてくれる先生はいないです。てきとうに返事をしていると、どの先生もぼくとはなれていくのです。その方がぼくも楽なので、ぼくはぜんぜんかまいません。でも先生は三日も四日も話してくれた。

そんなにいっしょうけんめいなら、先生が応えん団長やればいいじゃないですか。四日目、ぼくがそう言うと、先生は、やるのはみんな。ナカジマくんが中心になっていいクラスを作るのよと言いました。そしてなみだを流しました。なんで人のために泣けるのか、ぼくはわかりませんでした。いつかぼくにも自分のためにできることより、誰かのためにできることの方がはるかに大きいとわかるからと先生は言いました。そして、色白のデブのおじさんに教えてもらったハイタッチだと言いながら、右手のひらを僕に向けました。

この瞬間、エムの肩がピクッと動くのが見えた。しかし、もちろんそんなことは気にせず、僕は音読を続ける。

ぼくはハイタッチなんてしたことがありません。でも、思わずぼくも右手を出してタッチしてしまいました。水たまりの氷がふまれて割れるような、メキッという感じがしました。このときに、ぼくはやってみようと思いました。電話してミウラくんにあやまりました。するとミウラくんはオレも悪かったと言ったのです。そしてナカジマがめずらしくやるというなら、オレもやると言いました。先生がとつぜん朝礼の後にはじめたハイタッチ作戦を、ぼくとミウラくんで次の日からしました。誰かと会うたびにぜったい右手を出しました。最初はとまどっていたみんなも、次の日になるとすっとしてくれました。

ぼくが応えん団長でなければ、もしかして優勝できていたかもしれません。でも、ぼくはやってよかったと本当に思います。先生は、どこか海外の国で地しんがあって、がれきの中でお母さんが生まれたばかりの赤ちゃんをだいたままで死んでいたニュースを見ましたか？　おかげで赤ちゃんは死なずにすんだそうです。死んだお母さんは、けいたい電話を握りしめて、がれきの下で死ぬ前にメールを打っていました。タイトルは、赤ちゃんへ。だきしめている、まだ名前もない赤ちゃんあてのメールです。

『もしあなたが生きのこったら、あなたを心からあいしていた、私という人間がいたことを、忘れないでください』

ぼくはこのニュースを見て、これは作り話だと思っていました。だって、さいごの望みが、自分のことではなくて、あなたをあいしていた私を忘れないで欲しいって。生きたいとか、悲しいとか、きっともっと他にあるでしょう。でも先生を見ていて、もしかしたら本当かもと思いました。ぼくには父親がひとりいるだけです。ぼくにはがれきの下で守ってくれる母はいませんが、ぼくには誰にも負けない先生がいます。先生、めいわくかもしれませんが、おねがいがあります。

たどたどしいながら、なんとかここまで読み進めてきた僕だったが、ここでまた止まってしまった。手紙の最後が目に入ったのだ。背筋の真ん中あたりがザワッとした。そしてそのザワザワは静かに頭頂部まで抜けていった。

「ん？　迷惑かもしれませんが、なんだ？」

軽く振り返ってそう訊いてくるエム。僕は唾を飲み込もうとするのだが、上手く飲めない。何も言わずにいる僕に、エムはクエスチョンマークだけを投げ掛けてくる。

そんなエムに言葉を出せず首を左右に振ることで返事をしてから、僕は最後までを一気に読み終えた。一気に読まないと、声が震えてしまいそうだったのだ。ミヨシさんが手紙というよりは招待状と言っていた意味が分かったのだ。

ぼくのけっこん式にしょうたいします。かぞくの席に座ってください。
一年三組　応えん団長　ナカジマユタカ

ミヨシさんは改めてウルウルしている。エムは感動しやすい性格なのだろうか。声にならない声で言っている。

「結婚式って、……相手もいないくせになぁ。……生意気だよ。……俺も教師になるよ」

「ならなくていいですよ」

そんな僕のツッコミも言葉になっていない。こんなにもしっかりと成果を得て実感することができているのだ。エムもきっと大丈夫だと思ったのだろう。良い当たり前を作るための『決めて→続けて→進歩の実感を得る』という三段階のステップを、この後簡単にミヨシさんに伝えた。ミヨシさんは深く頷きながらメモを取った。そして、このままカウンセリング終了かと思いきや、エムは言った。

「で、最後にお伝えしとかないとならないことがある」

なんだろう、と僕は思った。

「今から言うことは、これからミヨシさんが教師を続ける上で、知っておかなければならない本当に大切なことだ」

　満面の笑顔だったミヨシさんの表情が少し締まった。いつでも入力できるように、僕の両手はキーボードにセットされた。エムはゆっくりと間をとって、コホンッ！　と咳払いをした。僕はＣＤプレイヤーを再生した。ドラえもんの秘密道具登場の効果音が流れた。

〝チャラララッタ♩　チャー♪　チャチャチャー♫〟

「ピグマリオン効果〜！」

　エムはお約束通り、ドラえもんぽく言った。ドラえもんの秘密道具並に効果的なものだということを表現する際、エムはドラえもんになる。

「なに効果ですか？」

　そう訊き返すミヨシさんに、エムは再度言った。

「ピグマリオン効果だよ。有楽町マリオンでも、スーパーマリオンでもないぞ」

「分かってますよ」

　そしてこの後、ミヨシさんに伝える形でエムが話したピグマリオン効果が、僕がエムの口から聞いた最後の教えになった。

　エムはミヨシさんに向かって一生懸命に手足をバタバタさせながら話し始めた。


　ピグマリオン効果というのは、人の脳が無意識に言葉やイメージの影響を受け、行動が制御されるという心理学の効果だ。言い換えると、望むイメージを思い浮かべることで、人は無意識にそのイメージを実現しようと行動する。

　エムによると、お笑いの世界ではお客さんに〝笑う〟という行動をとってもらうために、芸人さんは知らず知らずこのピグマリオン効果を活用しているそうだ。また、メンタルトレーニングというのは九割以上を占める無意識の部分にポジティブなイメージを定着させて、無意識の行動をイメージ実現の方向に向けることだと言う。難しい話だが、僕の数少ない経験だけでも、これはかなり強烈な効果をもたらすと断言できる。何か大切なことに取り組むとき、僕はしばしばこのピグマリオン効果を意識した。そして自分はもちろん、周囲の人の無意識を味方につける一工夫を加えてきた。仕事を料理に例えるなら、ピグマリオン効果は僕の仕事の〝隠し味〟。この〝隠し味〟のおかげで、上司や部下やクライアントの担当者の行動が、僕の望む方向へと舵を切り始めたのだ。

「人は言葉やイメージに引っ張られるんだ」

「はぁ……」

エムの言葉に、分かったような分からないような言葉を返すミヨシさん。

「つまり知らず知らずの間に、投げ掛けられた言葉やイメージに無意識が影響されて、行動が制御されているんだ」

さらにキョトンとするミヨシさんに、エムは例を挙げて解説する。

「例えば子どもに〝君はやればできる子なんだから〟と言い続けていると、やればできる子になろうと無意識に行動する。これがピグマリオン効果のひとつの表れだ」

「暗示にかけるようなイメージでしょうか」

「そういう言い方もできるかな」

ミヨシさんは黙って何かを考えている。エムは続ける。

「例えば、〝～するな〟という言い方ばかりしていると、するなということが気になるから、してはならないことを気にしながら行動することになる、つまり脇見運転みたいな状態になるんだなこれが」

「はぁ……、なんとなく分かってきました」

「運転中の人に散々景色がキレイだと言っておきながら、運転に集中しろと言ってもできないだろ?」

「そりゃ気になりますよね」

「そうそう、まずは他のことが気にならないようにしてあげなければならないんだよ。景色がキレイだと連呼しながら運転に集中しろ! なんてことをやってしまいがちなんだ」

「子どもたちの行動も、私の投げ掛ける言葉に影響を受けているということでしょうか」

「まさにその通り。先生の影響力は甚大だからね。あんた飲み込みがいいよ、アナコンダ級だよ」

この例えは相変わらずだ。ここでエムがジャンケンゲームをしようと言い出した。

「ジャンケンゲームですか?」

突然の提案に驚いた表情を見せるミヨシさん。

「そう、無意識の影響力を感じてもらう実験だよ。ただ条件がある。必ず勝つように」

「そんなの無理ですよ」

「いやいや、後だしオッケーだから」

「はぁ、それなら勝てるとは思いますけど、意味があるんでしょうか」

そう言うミヨシさんだが、その質問には答えないまま、エムの解説は続く。

「最初はグー! で遅れてパーを出してくれたらいいから」

「その時点から勝つんですか?」

「そうだよ。で、ジャンケンチョキ! で遅れてグーね。続いて俺がパーを出すと遅れてチョキだ」

「簡単ですね」

「じゃ、始めよう！　いくぞ！　後だしオッケーだけど、必ず勝たなければならないジャンケンゲーム！」

パチパチパチパチ！　なぜか拍手をしなければならないような気になって、僕も入力の手を止めて拍手をした。

「用意！　最初はグー！」

いきなり思わずつられてグーを出してしまうミヨシさん。それを見てエムは言った。

「ほら」

「？」

僕も、エムのひと言で改めて気付いた。

「無意識に引っ張られて、グー出してるじゃん」

「あ……」

確かに人が無意識に支配されていることの証明かもしれない。

「続けていくぞ！　ジャンケン、チョキ！」

遅れてグーを出すミヨシさん。エムは続ける。

「グー！　チョキ！　チョキ！　パー！」

遅れて、パー、グー、グー、チョキ、勝ち続けるミヨシさん。エムは言った。

「やるねぇ。さすが先生だよ。じゃ、今度は趣向を変えよう」

「はい」

「今度も後だしオッケーだけれど、今度は必ず負けるように」

「え〜」

「いくぞ！　最初は、グー！」

慌ててグー……ではなくチョキをなんとか出すミヨシさん。

「ジャンケン、チョキ！」

少しの間を置いて、ミヨシさんはパーを出す。エムはさっきと同じリズムで、グー！　パー！　グー！　チョキ！と続ける。スムーズにとはいかなかったけれど、なんとか遅れてチョキ、グー、チョキ、と出すことのできたミヨシさんだったが、最後、パーではなく、一瞬グーが出てからパーに変えたことをエムは見逃さなかった。

「ほら！」

「間違えましたね」

「若いうちは上手くできる人が多いけど、あえて負ける方が明らかに難しいだろ？」

「かなり集中力が必要ですよね」

「そうだよ。幼いころから、誰もが勝つためにジャンケンをやってきた。相手がグーを出したら無意識の中ではパーしかないんだ。その無意識に逆らって、有意識がチョキを出そうとするだけでそれだけ行動に負荷がかかるんだよ」

なんだか、分かるような分からないような……。

「他にも例えば、ビデオ撮影中に突然後ろから呼ばれて、カメラを持ったまま振り向いた時の映像って、後から確認するとワーってなって見てられないじゃん」

「目が回る感じですよね」

「でも、俺たちが普通に前を見ていて、振り返っても、ワーッとはならない」

「いちいちなっていたら振り向くだけで目が回りますよね」

「でも、目は開いているから映像は網膜に映っているはずだよな」

確かにそうだ……。ということは、見えているはずなのに見えていないのか？　入力しながらそう思う僕。

「実は、視線が急に移動するときの映像は混乱するので、無意識を司っている脳がカットオフして有意識の脳に渡していないらしい」

「へぇ～………」「へぇ～………」

僕とミヨシさんの長い長いへぇ～が重なった。

「人間の脳も、九割以上が無意識を司っているらしいからね」

そう言ってからエムは実験をひとつ紹介してくれた。

「大きな鏡の前に立って、顔を五センチ程度まで近づけるんだ。そして鏡に映った自分の顔の目と目の間をジッと見る。次に目の玉だけを動かして左右どちらかの耳を見る。目と目の間を見る。耳を見る。これを何度か繰り返すとどうなると思う？」

どうなるんだろう？　まったく想像もつかない。

「最初は目線が移動中の映像があるような気がするけれど、数回繰り返すだけでまるでスライドを替えるように、カシャン！　カシャン！　カシャン！　途中の映像がまったくなくなるんだよなこれが」

「へぇ～」

再び感心する僕とミヨシさん。

「繰り返すことで脳が学習して、完全なるカットオフに成功するんだよ」

胸を張るエムに、僕は思いついたことを思い切って口にしてみた。

「あの～」

「ん？」

エムが半身になって、色白の顔をこちらに向けた。

「ひとつ思いついたんですけど、止まっているエスカレーターやムービングウォークに乗るとき、頭では止まっているので普通の階段や通路と同じだと分かっていても、乗った瞬間バランスを少し崩すような変な感じになるのときがあるでんすけど」

「それもそうだよ！　さすが元祖アナコンダ！」

「元祖アナコンダって、褒められている気がしないんですけど」

「その場合は、有意識では分かっているのに、無意識が動いている階段として勝手に身体を制御しているんだよな。いいところに気付いたよ」

実際の身体の動きとしてそれだけ制御されるなら、スポーツでイメージトレーニングが重視される理由がよく分かる。そしてエムはミヨシさんに向き直ってゆっくりと言った。

「というように、人は誰もが知らず知らず、無意識の脳にメチャクチャ支配されながら行動している」

「分かるような気がします」

「でも、脳は本当とウソや想像との区別がつかないという性質がある」

「そうなんですか？」

「試しに手のひらの上に梅干しが乗っているイメージをして、パクッと口の中に放り込んでみたらどう？」

「唾が出ましたけど」

「そう、ちゃんとイメージができれば必ず唾が出る。実際には食べていないのに、脳が騙されて唾を出せという信号を身体に送るからだ」

「つまりどういうことでしょう」

「人は脳に支配されているが、その脳は騙されやすいってことだ」

おぉっ……！　入力していた僕の手が止まった。

「いいか、良い意味で脳を騙すんだよ。そうすれば、ピグマリオン効果で、自分自身はもちろん、関わる人たちが知らず知らずに望ましい行動を取るように誘導できる。これはビジネスでも教育でも同じことだ」

エムの右拳がプルプルと震えている。ミヨシさんがさらに質問を投げ掛ける。

「そうは言っても、専門家やプロのトレーナーの助けを借りずに、成果を出すのは難しいんじゃないでしょうか」

「いやいや、芸人さんは専門家の力なんて借りずに、このピグマリオン効果を活用しているんだ。芸人さんのやっていることを自分なりに取り入れればいいんだよ」

（つまり、笑いの働きかけを活用することで人生を変えることができる……）

僕は出会った当初にエムが言っていた言葉を反すうした。

そしてエムは、ひとりでウンウンと頷いてから続けた。

「例えば、芸人さんにはニックネームを付けるのが上手い人が多いだろ?」

「確かにそうかもしれません……」

「良いニックネームや呼び方をするだけで、相手の行動を望む方向に制御できる。教師として、子どもに対してこれは使わない手はないよ」

「子どもにニックネームですか？」

「そうだよ。ベタな例だけどさ、宴会係なんてニックネーム、どう？」

「ありがちですよね」

「でも、本人がそう呼ばれて嬉しければ、次の宴会のときから、頼まれてもいないのにどこからタンバリンを持ってきて、先頭切って走っていくなんてことが起きる」

「確かに……」

「ニックネームが行動を変えたと言えるだろ」

ミヨシさんは、深く頷いている。

「俺の小学校時代からの友人に〝拭き掃除のヒラオカくん〟てのがいるんだけどさ、小学校一年生のときにたまたま雑巾で掃除しているのを先生に褒められて、「〝拭き掃除のヒラオカくん〟だね」なんて言われたことがキッカケで、今でも拭き掃除が好きだしな」

「本当ですか？」

その後、エムは本当だと力説するのだから、おそらく本当なんだろう。

「駅の金のナマズと反対側、三キロほどの場所に食材配達の会社があるんだ」

「はい、知ってます」

相づちをうつミヨシさん。

「そこの社長さんのカウンセリングをしたことがあるんだけど、その社長がさ」

「なんでしょう」

「ドラえもんのジャイアンに似てるんだなぁ」

「関係ない話はやめてもらえますか」

慣れてきたのか、すっかり普通に共感を差し込むようになってきたミヨシさん。テンポの良い共感に満足そうに、エムは続ける。

「食材の配達だから、公園で散歩している妊婦さんに営業という方法論があるんだ」

「妊婦さんは買い物が大変になりますもんね」

「そうだよ。たまたまある日、公園で散歩している妊婦さんから新規契約を取って帰ってきた営業の女の子がいたんだけど、そこのチーフが彼女にニックネームをつけたんだ」

「なんでしょう？」

「妊婦ハンター」

「また凄いニックネームですよね」

「そう、これはハマった例なんだけど、本人は妊婦ハンターなんて言われて嬉しかったんだろうな」

「どうなったんでしょうか」

「目撃談によると、次の日から妊婦さんを遠くから見つけるのが上手くなったらしい」

「これまた本当の話ですか？」

「遠くから見つけると無理矢理車を停めて、私妊婦ハンターですから、とかなんとか言いながら走って行ってだな」

「想像つきますけど」

「何を勉強したわけでも、命じられたわけでもないのに、勝手に分母が増えるだろ」

「確かに……」

「月に数人の妊婦さんにしか声を掛けていなかった営業が、月に数十人の妊婦さんに声を掛けるようになる。やれば上手くなる。レスポンスを得る。ニーズを汲む。妊婦ハンターと呼ばれただけで、次の月からトップグループに躍り出るだよ」

「凄い話ですね……」

「子どもたちの無意識をポジティブな方向に向けるようなニックネームをぜひたくさん付けてあげてもらいたい」

「つまり、計算力を伸ばしたい子には、計算問題の誰々みたいなニックネームをつけるってことですよね」

「そうだよ。ただニックネームを付けるのにはポイントが三つある」

　ミヨシさんが少し身を乗り出した。

「まず、マイナスにも引っ張られるので、ポジティブなニックネームであることが大前提」

「それはそうですよね」

「次に、ポジティブであっても本人が嫌がらないこと」

「なるほど」

「そして最後に、クラスのみんなが使い易い、流行りそうなことであれば完璧だ。ディス・イズ・ザ〝ニックネームの法則〟」

　ミヨシさんの目線が左上の天井部分をさまよっている。何かの本で読んだことがある。目線が左上をさまようときは、過去の映像を思い浮かべている。一年三組の生徒のことを思い浮かべているのだろうと僕は思った。

　この時、僕はふと満塁男と呼ばれたプロ野球選手のことを思い出していた。考えてみると、満塁というのは単なる状況だ。満塁もランナーなしも、同じく状況を指した言葉だ。でも、ランナーなし男というのはよく分からないが、満塁男というのは言葉として成立しているところが面白い。おそらくこの選手は、満塁でヒットを打つことが二度三度と続いたのだろう。ランナーなしでヒットを打っても印象にはほとんど残らないが、満塁で打てば印象に残る。それがたまたま続いたものだから、誰かが満塁男とニックネームをつけた。本人はそれが嬉しくて「俺は満塁が得意なのだ」と、その気になる。そうなると、例えば、ツーアウトランナー二・三塁でボールカウントは三ボールノーストライク。次打席に満塁男が控えていたら誰だって次のボールは打ちにくい。満塁のチャンスに代打で登場するだけでファンサービスになる。つまり満塁男になると、必然的に満塁の機会が増えるのだ。しかも満塁男だから、満塁のケースでは特別に集中力が増す。満塁なりの配球も考える。慣れる。球場全体が期待感に包まれる。投げる側にも変な意識が生まれる。結果ヒットを打つ確率が高くなる。そしてさらに満塁男として確立されていくのだ。

イメージすることで結果が変わる、それがイメージトレーニングだと、この日までの僕は思っていた。しかし、冷静に考えるとそんなわけがない。イメージするだけでできるなら、誰でもゴルフの難しいショットや、野球の難しいバッティングが可能だ。でも実際にイメージトレーニングが有効なことは実証されている。この深い谷の中に、僕たちの多くは、イメージしたができなかったと消えていく……。

この時の僕はハッキリと分かった。イメージするから成功するのではなく、強くしっかりとしたイメージをすることで、行動が変わるから、結果が変わるのだ。それがピグマリオン効果のなせるわざだ。なかなか抜けなかった知恵の輪がスポッと抜けたような感覚があった。僕はひとり謎が解けた喜びで一杯だった。

そんな僕の思考とは関係なく、エムの話は続いている。

「ニックネーム以外にも、芸人さんがピグマリオン効果を活用している方法論があるんだ」

ミヨシさんは視線を戻して、エムをしっかりと見つめた。

「照れるじゃないか」

そう茶化すエムに、「真面目にお願いします」とミヨシさんは厳しい。大きなお尻をモソモソと動かし、軽く座り直してからエムは言った。

「それがポジティブ発信だよ」

エムの怒濤の解説が始まった。

「まずは、同じことでも二通りの言い方ができることを押さえておいてもらいたい」

「二通りですか?」

「そう、ポジティブとネガティブの二通りだ」

命令形で説明するなら、相手に何かをお願いするのに「~してください」と伝えることも「~しないでください」と伝えることもできるのだとエムは言う。

「ポジティブ、ネガティブのどちらかを自分自身のクセのようなものでチョイスしながら、人はコミュニケーションしているんだ。ネガティブな発信をする芸もあるが、基本的に芸人さんはポジティブな発信を通じて、ピグマリオン効果で観客の感情をポジティブに誘導して、笑うというプラスのアクションに繋げているんだよな。ディス・イズ・ザ〝ポジティブ発信の法則〟」

「つまり、授業中や普段の会話でも、私の発信、つまり話し方次第で子どもたちの前向きさや、やる気が変わるってことですよね」

ミヨシさんはそう口にした後、息を止めているかのように深く何かを考えている。しばしの沈黙が僕たち三人の真ん中で漂った。この沈黙を唐突に破ったのはエムだった。

「それではここで、早押しクイズ～！」

バラエティ番組のMCのような大声に、笑いの科学株式会社の空気が変わった。

「早押しって、私しかいませんけど」

そう言うミヨシさんだったが、エムは右手の親指だけを立て、後方に座る僕に向けて何度か指差した。ミヨシさんが、あぁ…、という顔になった。

「僕も解答者ですか？」

そういう僕に「あったり前田のクラッカー」と言ってからエムは続ける。

（古過ぎる……）

「本当に、言葉遣いひとつで、どれだけ無意識に行動が変わってしまうか。ピグマリオン効果をみんなどれだけ活用しているかを今から証明するから」

「はぁ……」

まだなんとなくついていけない僕たちに構わず、エムは言う。

「それでは第一問です」

クイズ形式にされると思わず答えようとしてしまうのが人というものだ。このひと言で、あたかも早押しボタンが目の前にあるかのように、ミヨシさんと僕は構えた。

「プロ野球の世界からの問題です。あるチームに豪速球投手がいました。対戦する打者はみんな、高めの球を空振り三振して帰ってきます。高めを振るな！　といくら指示しても思わず空振りして帰ってきます。あるコーチがアメリカに勉強に行って帰ってきました。高めを振るなという指示を出していたから、ピグマリオン効果で高めに意識が向いて振っていたのだと気づきました。そこで、高めを振るな！　このネガティブな指示をポジティブな指示に変えたところ、ある程度このピッチャーを攻略できるようになったそうです。さて、高めを振るな！　これをどういうポジティブな指示に変えたでしょう？」

「はいはい！」

思わず手を挙げた僕にエムは言う。

「挙手ではなく、ボタンを押してください」

「なんのこだわりですか？　分かりましたよ。ピンポーン！」

ボタンを押す動作をしてから、僕は答えた。

「低めを狙え！」

「ピンポンピンポンピンポーン！　正解です！　やるねぇ」

「いやぁ」

どうでもいいことだけれど、なんだか嬉しい。ミヨシさんは若干悔しがっている。エムは解説する。

「高めを振れ！　というのはポジティブだけど不正解だ。高めを振るな！　と意味が変わってしまうからね。大事なことは、自分に対しても周りに対しても、高めを振るな！　と指示するのと、低めを狙え！　と指示するのとでは、無意識にやることが変わってしまうということだ。同じ能力、同じ人間なのに、やることが変わるんだ」

「確かにその違いは大きいですね」

僕は心の底から同意する。

「ポジティブな発信が大切だと言うと、みんな当たり前だと思う。でも、夜中に車で帰ってくる人に、事故らないでね、なんて言ってしまいがちだ」

「安全運転で帰って来てね、ですね」

　今度はミヨシさんが間髪入れずに正解を差し込む。

「そうだ。クセの問題だよ。まだヨチヨチ歩きの幼い子どもがいる。哺乳瓶で飲んでくれたらいいのに、みんなと同じように飲みたいものだから、『これで飲むの！』とか言いながらコップを出してくる。それがまた、ママが大切にしている高価なマグカップだ。そして水かなと思ったら牛乳だ。しかもなみなみ注いでいる。『ちょっと、こぼさないでね！』これはネガティブな発信だよな。じゃ、これはどう言ってあげるのが正解でしょうか？」

　いきなりの第二問に考える僕。そして思いついた答えを口にする。

「半分くらいにしておこうね」

「ダメだよ。もう注いでしまってるんだよ。行動に向けてあげるんだ」

「う〜ん……」

「ピンポーン！」

　控えめな声が聞こえた。ボタンはないが、ボタンを押したのはミヨシさんだ。

「どうぞ、ミヨシさん！」

「ちゃんと飲めるよね」

「ピンポンピンポンピンポーン！　正解です！　模範解答は、いつものようにちゃんと飲めるよね、だ」

「やったぁ！」

　クイズ形式にしただけなのになんだか妙に盛り上がっている状況に、僕は少しだけ笑えた。それよりミヨシさん、やっぱ可愛い。ピンクのシャツが似合っている。次の問題もミヨシさんに正解してもらおうと僕は思った。

「子どもで実験するのはよくないけど、こぼすなと言った方がこぼすからね」

「そんなものでしょうか」

「そうだよ。その証拠に何度か聞いたことがあるだろ？〝だからこぼすなって言ったじゃないの！〟っていうセリフ」

確かにある……。

「こぼすなって言うからこぼすんだよ。だから建設現場の安全のかけ声は、全国共通で〝ご安全に！〟。ポジティブだろ？」

僕のクライアントのひとつに大きな工場をいくつも持っているメーカーさんがある。その安全大会というものに仕事の一環で参加したことがあったのだが、確かに〝ご安全に！〟とみんなで言っていた。エムは続ける。

「俺はこれまでに、〝鉄骨落とすな！〟〝オーッ！〟なんて聞いたことがない」

そりゃそうだ。

「ポジティブ発信は本当に大切なんですね」

ミヨシさんが改めてそう呟いた。続いてエムが例えに出したのはトイレの注意書きだ。

「昔は汚すな！　みたいなのが多かったのに、今は当たり前のように、綺麗に使ってくれてありがとうございます！　皆さんにおかげで清潔に保たれています！　だもんな」

「確かに否定ではなく、肯定してますよね」

そう同意する僕。エムは「その方が汚れないいんだよ」と言ってから続ける。

「ミヨシさんは女性だから知らないと思うんだけど、男性用の小の便器には的がついていることがよくある」

「的ですか？」

「そうだ。ちょうど真ん中あたりにダーツの的のようなシールがよく貼ってある。冷静に考えるとバカにするなって話なんだけど、みんな無意識に真面目な顔で狙っている。的がついている方が汚れないんだよ」

大笑いするミヨシさん。確かにわざと汚している人なんて見たことがない。無意識に汚さない方向へ行動を向ける必要があるのだ。僕は、ピグマリオン効果って凄いと思った。

「明日からさっそく、子どもたちに対してポジティブな発信を心がけます」

そう言うミヨシさんにエムの反応は冷たかった。

「みんな、すぐにそう言うんだよな……」

まるで心がけてはいけないような言い方だ。

「そう上手くはできないんだよ」

やる気の腰を折られて、一瞬フリーズする僕とミヨシさんにエムは続ける。

「芸人さんがなぜポジティブな発信が上手いかと言えば、知らず知らずの間にいつもやっているからだよ。ビジネスでも教育でも、常にポジティブな発信を行うことは不可能だから、まずは無理せず一日一回、ネガティブな発信をしたときに気付くこと。そして後でゆっくりでいいから、どう言えばポジティブな言い方で伝えられたかを考えること。これを一カ月くらい続けると上手い具合に口から出るようになる」

エムの言葉が、僕の中で腑に落ちた。そもそも無意識が九割以上なのだ。意識したってできないのだから、どう無意識にできるようにトレーニングするかがすべてだ。

「でも注意事項が二つある」

エムはバルタン星人のように両手でチョキを作った。「バルタンですか？」という僕に、「フォッフォッフォ……」と期待に応えてから言った。

「一つ目は、ニュアンスをあまり気にしないこと」

「ニュアンスですか？」

「そう。同じ内容を完璧に言い換えようと思い過ぎるとなかなか難しい」

確かにそれはそうかもしれない。

「手元のプリントを見ないで！　ではなく、黒板を見て！　といったように、少々のニュアンスの違いは気にせずオッケー」

なるほど。

「二つ目は、本当にダメなことはダメと伝えてオッケー」

「そうなんですか？」

そう訊き返すミヨシさんにエムは解説する。

「例えば、ここに凄い高圧電流が流れているような危ない場所がある。ここに近づきそうな子どもがいるとき、どうポジティブに言えばいいかな？」

「無理にポジティブに言わなくていいですね」

「そういうことだよ。ダメなものはダメと伝えてオッケー。なんでもかんでもポジティブでないとダメだと勘違いすると落とし穴に落ちてしまう」

「分かりました。今日からやってみます」

そう答えるミヨシさんが頼もしい。

「フォッフォッフォ……」

エムはまだバルタン星人をやっている。

ここで突然、エムがこれまで丸めていた背筋をスッと伸ばした。

「それではここで、問題ですっ！」

やっぱ、また来た。

「今日の第！　…何問目だっけ？」

僕はズッコケた。訊かれても困る。でもミヨシさんは冷静に答える。

「出題としては、三問目だと思います」

僕は何問目でもいいだろうと思ったが、エムは続ける。

「今日の第三問！　テストの点数が悪くて親に叱られて辛かったと伝えに来た子どもにどう返答する？」

「ピンポーン！」

「はい、ミヨシさん！」

「分かるわぁ～、先生もそういうことよくあったよ。辛かったよね。でもくじけずに次また頑張ろうね」

同調し、子どもの感情を認めてあげてから頑張る方向に向けている。僕は見事な正解だと思ったのだが、エムの見解は違った。

「ブブゥ～ッ！」

史上最大の、不正解音がエムの口から飛び出したのだ。何か間違えていましたか？　と言わんばかりにキョトンとした表情のミヨシさん。エムは背筋を伸ばしたままで言う。

「同調するのも間違いじゃない。でも、芸人さんが〝うまいこと言うよなぁ〜〟なんてときには、マイナスにプラスを返しているんだよ」

「マイナスにプラスですか?」

「そう、なぐさめるんじゃないぞ。あえて良い点を見つけて提示するんだ。〝イヤなことがあって〟〝それは気の毒に〟ではなく、〝それって、こうじゃないですか!〟みたいな感じだな。ディス・イズ・ザ〝ポジティブ変換の法則〟」

エム曰く、相手の発信を直接変えることはできない。相手がネガティブな出来事だと受け止めて、ネガティブな発信をしてきている以上、相手の無意識をポジティブに向けるためにできることは、あえて良い点を見つけて提示することだと言う。

「これが、ポジティブなアクションを誘導する、まさにピグマリオン効果の体現だよ」

胸を張るエムにミヨシさんが尋ねた。

「では、親に叱られた子にはどう言ってあげるべきでしょうか?」

「そうだな。やれば絶対できる子だって信じてくれてるんだよ」

「おぉ……、確かに受け止める感じが違いますね」

「ミヨシさん、マイナスが飛んで来た時が教師としての腕の見せ所だよ。同調もいいんだけど、ときにあえて良い点を見つけて提示するんだ。TPOやキャラもあるので必ずこれが正解というのはない。でもパターンが少ないから、意識すればすぐに上手くなるよ」

「頑張ってみます」

そんなミヨシさんの返答を聞き終わらないうちに、またエムが大きな声で言う。

「それではここで、今日の第四問！」

「突然クイズするの、いい加減にやめませんか？」

　そういう僕の言葉は無視して、エムは出題する。

「お母さんが入院したと報告に来た子どもになんて返すのが正解でしょう？　検査入院のような軽い感じで、数日で帰ってくることが分かっている前提で考えてください」

　腕を組んで考えるミヨシさんと僕。

「う～ん、夜中までゲームできるチャンスじゃない？」

　そう言ってから、「微妙ですねぇ～……」なんてひとり言を口にするミヨシさん。エムは「この世界には模範解答というものがあるんだよ」と前置きしてからこう教えてくれた。

「お母さん孝行するいい機会じゃない」

「おぉっ！」

　ミヨシさんの口から感嘆詞が飛び出した。エッヘンと胸を張るエム。確かにこれで気分を悪くする子どもはいないだろう。ネガティブな発信にポジティブで返す、このポジティブ変換をマスターしたら、営業マンにとっても凄い武器になるに違いないと僕は思った。

「最後にこれだけ伝えておく」

　そう言ってからエムは僕を振り返った。今までに見たことがないような真面目な表情だ。そして「もう記録はいいから、あんたもこっちにおいでよ」と言いながら僕をミヨシさんの隣へと目で誘導する。戸惑う僕。しかし断る理由が見つからない。ミヨシさんの膝の上に座るようなボケをしたいがさすがに無理だ。僕はゆっくりと移動した。なんだか僕の居場所じゃないような気がして、ミヨシさんの隣で小さくなって座った。

「人は、何か出来事が起こると、必ず無意識に良いことか、悪いことかに振り分けるんだ」

「そうなんですか」

　話の流れがまだ見えず、漠然と返事を返す僕。横顔から見るに、ミヨシさんも同じ気持ちだと思った。エムは続ける。

「良いことか悪いことかは、九十九%共通だけど、残りの一%だけが違う。この違いが強烈な違いを生み出すことになる」

　まだなんのことだかよく分からない。

「さっきも話した食材配達の会社、覚えてるか？」

「覚えてますけど」

「社長がジャイアンに似てたんだなぁ」

「それはもういいですよ」

「営業の断られ言葉ナンバーワンを抽出したことあるんだけど、何だか分かるか？」

　なんだろう？　僕には分からない。ミヨシさんが自信なさそうに言った。

「もしかして同業他社でしょうか」

「その通り！　同業他社と契約しているからいりません、そう言われるとみんなこの家はダメだと尻尾を巻いて帰ってくる。でもトップに長らく君臨していたおばちゃんがなぜトップかを調べて驚いた。〝同業他社と契約しているからいりません〟と言われた瞬間、このおばちゃんだけが〝しめしめ、ラッキー！〟と思っていたんだなこれが。その理由が今日の最後の問題だ」

　またクイズか……と思いながらも、営業の血が騒ぐのか、僕はこの問題に興味を持った。「相談していいよ」とエムが言うので、僕はミヨシさんと少し向き合った。

「どうなんでしょう？」

とりあえずそう投げ掛けた僕に、ミヨシさんは笑顔で答える。

「分かりませんよね。最後の問題、難しいですよね」

僕はドキドキしながら、正解に向かって真面目に話題を展開する。

「買ってくれる可能性があるからラッキーと思うわけですもんね」

「それ以外にありませんよね。じゃ、なぜ可能性があるかと思えたかですね」

しばらくの沈黙のあと、僕はひらめいた。

「同業他社を取ってるからですよ」

案外あっさりと正解にたどり着いた感があった。

「そうですね。まったく白紙の人を説得するより、変えてもらう方が簡単ですもんね」

相談時間はもっともっと長くても良かったのだが、エムはここで「ピンポンピンポンピンポーン！」と口にした。案外空気を読めないところがある。エムは言った。

「難しい言葉で言えば、ニーズがあることに気付いたということなんだけど、このおばちゃんの言葉を借りると〝この家は、食材を自分で買いに行くのではなく、持って来てもらうことに抵抗のない家なんだ〟と思えたらしい」

なにはともあれ正解したことに喜ぶ僕とミヨシさんを見ながらエムは続ける。

「無意識にそう思えた、たったそれだけのことで、翌日からの行動に極端な違いが出るんだ。尻尾を巻いて帰って来た営業は、次の日から当然のようにこの家には近寄らない」

「そりゃ、無駄だと思ってますもんね」

「そう。でもこのおばちゃんだけは普通にチラシを投函する。そして数カ月に一度、お試しだけでもどうですかと投げ掛けるだけで、あとは確率の問題だよ」

「はぁ……」

「それがトップの理由だったんだよ」

あまりに分かりやすい話に、僕の口からはため息しか出なかった。

行動をポジティブに変えた方がいいのは誰だって分かる。でも何度も繰り返すけれど、無意識が九割以上なのだ。無意識にポジティブに受け止められないと行動はポジティブにならない。エムはしっかり溜めを作ってから言った。

「ポイントは、このおばちゃんがこういう考え方をしていたからトップだったということではなく、少し考えると誰でも分かるということだよ」

確かに僕とミヨシさんが正解にたどりつくまでにだって、一分もかかっていない。考えれば誰でも分かることなのに、出来事が起きた瞬間、ほとんどの人が無意識に悪いことだと振り分ける。そして無意識にネガティブに行動してしまって当たり前のように悪い結果を手に入れてしまっているのだ。そうは言われても、勝手に脳が振り分けるんだからどうしようもない。そんな疑問にエムは答えてくれた。

「とにかく考えるんだよ。悪いことが起きた。イヤな言葉が飛んで来た。失敗した。そんなときにあえて良い点を見つけて、自分の中に提示するんだ」

じっと考える僕とミヨシさん。エムはさらに具体的に言葉を続ける。

「つまり、だからこそ得ることができた機会やチャンス、生まれたアイディア、できた経験、分かったこと、考えることができたこと、上手くいったこと、そんなこんなを言葉にして積み重ねるんだ。

その作業を続けることで、自分の中のイエスの範囲をできるだけ増やしていく。その努力が、無意識にネガティブな発信を減らすことになるんだよ。結果、ポジティブなコミュニケーション環境が生まれることになる」

最後は圧倒されて、僕もミヨシさんもひと言も発することができなかった。

「今日教わったことを、少しずつ毎日必ず実践して、子どもたちに良い学校生活を送ってもらえるように頑張ります」

ミヨシさんは、帰り際に絞り出すようにそう言ってから階段を降りていった。エムは疲れたのだろう。若干弱々しい人工的スマイルをミヨシさんに向けて「心から応援してるよ。頑張って」と言った。外は真っ暗になっていた。夜空を見上げた。いつもより明るい月が本当にキレイに輝いていた。

頭の中が何かで飽和したようになって、僕は何も言えなくなっていた。いつものようにエムがシノダ石材店の立派な置き時計を元に戻して、部屋を元通りに片付けるのを手伝った。ジョークのひとつも出なかった。ひと言の会話もなかった。僕たちは同時に部屋を出た。外に出る寸前、エムがミジンコのような手で部屋の電気をオフにした。ガチャガチャガチャとエムはカギをかけた。そしていつもならそのままカバンの中に突っ込むはずのカギをポストにガチャリと落として入れた。僕はなんとなくの違和感だけを感じていた。

空には星がたくさん出ていた。二匹のコウモリが僕たちの上を音も立てず、右へ左へと忙しそうにポジションを変えながら通り過ぎていった。

10 別れ

僕たちは、ナマズの町の端っこを流れる川の土手を二人で黙って歩いた。

そして何となく蕾の前にたどり着いた。僕は当然、蕾に寄るんだろうと思っていた。お店の中では、ママが気持ち良さそうに〝栄光の架け橋〟を歌っていた。なんでママが歌ってるんだと、僕は頭の片隅で思った。エムは突然言った。

「俺、今日は帰るから」

意表を突かれた形になって、僕は少し焦った。

「どうしたんですか？　せっかくなんですから、一杯だけでも飲みましょうよ。今日の復習がてら、また色々と話を聞かせてくださいよ」

しかし、エムは寂しそうな笑みをたたえて言う。

「そうしたいのは山々なんだけど、残念なことに、もうあんたに教えることがなくなってしまったんだよ」

「冷たいこと言わないでくださいよ」

そう言う僕だったが、驚いたことに、泣き出しそうな表情で首をゆっくりと左右に振るエムの姿が少しずつ薄くなっていく。

え……？

数秒後には透明になって消えてしまいそうなその感覚に、僕は慌てて目を閉じて頭をブンブンッと左右に振った。目を開けるとエムの姿は元に戻っていた。僕はホッとした。なんだったんだろう？考える間もなく、エムは続ける。

「悪い意味じゃないよ。本当に、もうあんたに教えることはないんだ。もうすぐ俺のミッションはコンプリートだよ」

僕の頭の中が、ジーンとしびれるような感覚に襲われた。卒業生を送り出す担任の先生のような目で、エムは僕を見ている。

「ミッションコンプリートって……。なんで今日が最後みたいな言い方してるんですか」

「何十回も一緒に飲んでくれて、何回かバイトにも来てもらって、ありがとう」

そして、僕の目をジッと見た。

「いえいえ、とりあえずせっかくですから蕾で一杯やりましょうよ」

そう食い下がる僕にエムは首を振った。

「今日はやめとくよ、俺、行かなきゃなんないところがあるんだよな」

「今からですか？」

「そう、タイムトゥゴーだよ」

「なんで英語ですか？」

そう言った僕に、エムは「ナイス共感！」と言いながら、乾いた笑い声を空中に投げた。そして驚くべきことに、突然、ハグしてきた。僕はマジで固まった。エムがハグなんてイメージが違い過ぎる。家のドアを開けた瞬間にサバンナが広がっていたくらいの勢いで僕は固まってしまった。

「……この前、言い過ぎたこともまだちゃんと謝っていませんし」

思い切って口から絞り出すことができた僕。エムは僕から身体を離して笑いながら言う。

「謝らなくても大丈夫だよ。俺は全部分かっているから」

ミジンコのような両手でバイバイポーズをしながら、一歩二歩とエムは後ろ向きに進む。謝らなくていいという言葉に、僕は少しだけ安心した。

「いつかあんたと本気で漫才がやりたいよ」

身体と気持ちをこっちに向けたまま、重心だけを後ろに移しながらエムは言った。

「漫才ですか？」

「この数ヶ月で本当に共感の差し込みが上手くなったよ、センスあるよきっと」

エムはそのまま後ろ歩きでゆっくりと僕から離れていく。

「ちょきまっと！」

僕は言った。久しぶりのキマ語にエムは笑った。

「時事ネタで漫才をして毎朝アップするんだよ。どう？」

「考えてはおきますけど……」

僕がそう言うのを合図に、エムは「じゃ」とだけ軽く口にして、背中を向けて歩き出した。向こうを向いたまま、軽く右手を挙げて数回ヒラヒラさせた。僕は黙って大きな背中を見つめていた。エムの真っ赤なTシャツが少しずつ小さくなる。エムは振り返らなかった。一度でも振り返ると何かが壊れてしまうかのようだった。白い肌、そして異様に刈り上げられた後頭部が夜道に浮かんでいる。僕は呼び止めていいのだろうか。でも、言葉が出ない。大きな声を出して、やっと聞こえる程度の距離まで赤いTシャツは離れた。小さなマンションの横を通り過ぎて、焼き肉屋さんを越えて、赤いTシャツはけやき通りにたどり着いた。同時にけやき通りの信号が赤に変わるのが見えた。交差点近くに真っ赤なポストが立っていることに、僕はこのとき初めて気付いた。赤いTシャツは、左右をサッと確認して小走りで赤信号を渡った。そしていつものように左に曲がった。僕は蕾の前で動けないでいた。舞台の幕を引くかのように、真っ赤な車が一台、右から左へとけやき通りを通り過ぎた。そして、エムの姿は見えなくなった。

この日がエムと会った最後の日になった。

チャンスがチャンスだと分からないように訪れるのと同じで、別れの瞬間もそうだと分からずに訪れている。今日がこの人と会える最後の日だと分かっていれば、人生はどれだけ変わるだろう。大切な人との最後の日に喧嘩をしたまま、二度と会えなくなってしまったことの後悔は計り知れない。僕たちは、毎日何十人もの誰かと出会って、そして必ず別れている。そんな毎日何十回もある〝去り際〟を大切にすることも、僕たちにできる数少ない大切なことのひとつではないだろうか。

もう教えることはないと言いながら、僕はまたバイトに呼んでもらえると思っていた。蕾をのぞけば、カウンターのどこかに座っているだろうと思っていた。でもそれは、希望という名の思い込みに過ぎなかった。

◆◆◆

秋がすっかり深まってきた。

セミの大合唱がスズムシの独奏に変わった。麦わら帽子の子どもが減った。その代わりに、土手をジョギングする大人が増えた。モグラは相変わらず、毎朝土手に穴をあけている。変わるものと変わらないものがあると、僕はいつもの土手を歩きながら感じていた。

そうそう、一番変わったことといえば、ちょうどこの時期、金色のナマズのモニュメントがあるこの町では市長選挙が行われたのだ。多数の候補者がいたのだけれど、実質は新人候補と現職との一騎打ち。結果は大方の予想を覆して新人候補が見事当選を果たしたのだ。この新人候補の顔を選挙の掲示板で見て、僕はひっくり返った。笑顔の品評会のような選挙ポスターの中の一枚で、知り合いが思いっきり笑っていたら誰だって驚くだろう。

シゲちゃんだったのだ。

政治の話になるとやたら熱かったのだが、本当に立候補して、しかも当選してしまうなんて凄い。やっぱ、挑戦はしてみるものだ。

市長になると遠い存在になると思っていたシゲちゃんだったが、当選した後も何度か蕾で会った。僕はこの手の職業の人は地元で飲んだりしないと思っていたので驚いた。

「こういうところで飲んでいて大丈夫なんですか？」

そう僕が尋ねると、シゲちゃんは涼しい顔で答えた。

「なんにも悪いことしてないからいいんだよ」

へぇ〜、さすがシゲちゃんだと僕は思った。その後しばらくコーちゃんのホクロを突ついて遊んでから、シゲちゃんを振り返ると、知らない酔っぱらいのおじさんに「もう箱ものはいいんだよ」とかなんとかメチャクチャからまれていた。それでも嫌がらずに酔っぱらいに言い返しているんだから、シゲちゃんはきっとこの仕事に向いているんだろうと僕は思った。シゲちゃんのおかげで若者向けのイベントが増えたりして町自体が大きく変わったのだけれど、僕自身も、エムと出会ったこの夏を越えて明らかに変わった。

エムと最後に蕾の前で別れてから三週間、蕾をのぞいても、日曜日にシノダ石材店の前を通ってみても、エムの姿を見かけることはなかった。以前にも一度エムが消えたことがあったせいか、僕はあまり気にならなかった。あの日のように、また何ごともなかったかのように僕の前に現れてくれるような気がしていた。色白の顔の中心に小さなパーツを寄せて、オッ！　という表情を作るエムに、「心配するじゃないですか！　何をしてたんですか！」と話しかけるイメージでいた。

もう二度とエムとは会えないかもしれない、そんなネガティブな考えが頭の中から蒸発して消えてしまうくらい、あの日以来、僕の仕事は絶好調で目が回るほどの忙しさだった。この三週間で二度あった企画コンペは連勝だった。二度ともライバル代理店が相手だったので、連勝は痛快だった。僕を一日中怒鳴り散らしていた上司が僕の機嫌を取るようになった。僕はこの人は出世しないと思った。

学生時代の友人が「一円にもならないかもしれないから、申し訳ないんだけど」と言いながら、広告代理店を探しているという知り合いを紹介してくれた。僕は気軽に会いに行った。それが毎月十万部を超えるフルカラーの社内機関誌の長期契約に繋がった。帰社してすぐにこの報告をした時、オフィスは湧きに湧いた。トップ営業マンだったマサト先輩の「俺の弟子だよ」という冗談が嬉しかった。

後日、どうして僕を紹介してくれたのかその友人に尋ねてみた。

「お前、俺の学生証がなくなった時、お昼休み返上で一緒に探してくれたじゃん」

正直、覚えてもいなかった。でも〝人にやさしく〟っていい言葉だと思った。

サナエ先輩と終業後のオフィスで二人になった瞬間、思い切って食事に誘ってみた。

「二人で？」

いきなりそう訊いてきたので、これはダメかと思った。僕は心の中で両手を合わせて両目を閉じた。

「……いいよ」

僕はその場で、後方二回宙返り一回ひねりを決めたくなった。できるわけがないが、この瞬間ならできたかもしれないと今でも思う。

エムと蕾の前で別れた日から二週間後が、シブカワさんとの最初のアポイント日だった。僕は役員相手のプレゼンを一週間後に設定してもらうことに成功した。この日が人生のターニングポイントになった。まさにイメージが実現した瞬間だった。

そして絶好調のまま迎えた役員相手のプレゼン当日、僕は、東京のど真ん中、ここが日本の中心だと言わんばかりにそびえ建つ大きなビルの前に再び立った。あまりに重要な案件だということで、マサト先輩が同行してくれた。二人で少し気合いを入れてから、高層階用のエレベーターに乗り込んだ。一気に気圧が下がって、耳がくぐもって気持ちが悪い。軽く耳抜きをしてから、一瞬だけ息を止めた。このタイミングでマサト先輩が言う。

「最近のお前、凄いよ。俺、認めるよ」

「いやぁ、先輩にそう言われるとくすぐったいですよ」

一年も前なら、褒められるとどうしていいやらモジモジしていた僕の口から、咄嗟にそんな言葉が出ていることに感心した。

「今日はお前に任せるから、思い切ってぶつかっていけ。何かあったら、俺がフォローするから、頑張れ！」

エレベーターの中だから小声だった。でも、これ以上なく力強い言葉だった。

この日の僕にはここ最近培ってきた自信があった。

受付の内線電話を手にした数分後、僕たちはビル群を見下ろす会議室に座っていた。

担当のシブカワさんが役員二人を連れて現れた。少し霞んだビルの絨毯を背景に、目を合わせないままゆっくりと席に着いた。スローモーションのように感じられた。

マサト先輩がゴクリと唾を飲む音が聞こえた。

「涼しくなりましたね」

僕は当たり前のことを口にした。……

◆◆◆

暗闇で目覚めた。気持ちが悪い。ベッドの上だ。頭が痛い。ここはどこだ？　自分の部屋？　良かった。何時？　今日は平日。仕事は？　寝ていていいのか。朝の五時半？　良かった。頭が痛い。気持ちが悪い。しんどい。大根おろし器で頭の中を摺られたようだ。異様な頭痛がする。吐き気がする。猛烈だ。

「ウェッ……」

乾いた空えづきがノドから出た。

昨日飲み過ぎたんだ。何軒だ？　分からない。支払いは？　マサト先輩と一緒だった。財布確認しないと。何やってんだ。俺、迷惑かけてないか。とんでもなく気分はすぐれない。でも少しずつ記憶が蘇ってくる。右腕が痛い。どこかにぶつけたのか？　覚えていない。右肩も痛い。右膝も痛い。身体中が痛い。僕はベッドに倒れ込んだ状態のまま動けない。うつぶせのまま両手両足を少し動かしてみた。どこも大きなケガはしていないようだ。ゆっくりと、そのままの体勢で顔を動かして右腕を見た。スーツを着たままだった。肘の部分に擦れた痕がある。土がついている。どこかで転倒したんだろうか。下半身を確認するとズボンははいたままだ。ズボンの右すそにも擦れたような痕がある。靴は脱いでいる。少しだけ安心した。

「シブカワくん、君に任せるよ。進めてくれていいから」

シブカワさんの上司である役員が、そう口にしたシーンが蘇ってきた。あれは夢？　いや、間違いなく現実だ。僕は吐きそうになりながらも、また喜びを噛み締めた。マサト先輩と二人して、「失礼します！」と会議室を後にした。シブカワさんが僕に向かってウィンクしていたのを覚えている。僕たちはエレベーターを下りて、大きなビルの前で日本一大きなガッツポーズを大空に向かって決めてみせた。空って気持ちいい！　と思った。マサト先輩と鎖骨をぶつけ合い、肋骨が折れんばかりに抱き合った。

「お祝いだよ。直帰だよ直帰。今日は飲もうぜ」

まだ陽が高い。会社に戻らなくていいのだろうかと思ったが、マサト先輩がそう言うのだからと、二人で居酒屋に行った。二十四時間営業の居酒屋があることは知っていたが、入るのは初めてだった。まだ明るいうちに飲むビールは特別感満載だった。続けて普段は飲まない日本酒を飲んだ。その店を出てからあまり覚えていない。暗い店でソファに座ったような記憶がある。歌うマサト先輩の映像の断片がある。二人でスナックにでも行ったのだろうか……。

僕はのそのそと起き出して、出社の準備を始めた。歯を磨きながら記憶の糸を辿った。昨夜の全貌は思い出せない。帰巣本能とかいうけれど、知らない間に帰ってきて、自分のベッドで寝ているのだから、お酒ってやっぱ怖い。シャワーを浴びながら全身を確認した。右半身のところどころに擦り傷はあるが血は出ていない、どこかで寝転びでもしたんだろうと思った。


出社した僕を見つけて、ユウスケくんが言った。

「やったんだってな。おめでとう。ワハハハ」

何がおかしいのかは不明だったが、僕は嬉しかった。

「俺、お前についていくよ。よろしく。ワハハハ」

ついてこられても微妙に困るが、悪い気はしなかった。

マサト先輩は僕の顔を見るなり心配そうに言った。

「無事で良かったよ。お前、昨日泥酔だったからちゃんと帰れたか心配したよ」

「ほとんど意識がないんですよ。何か迷惑かけてませんでしたか？」

反省も込めて、トーンを落としてそう尋ねる僕。

「いやいや、それは大丈夫だけど、とにかく足下がフラフラでまともに歩けないのに大丈夫だって言うからさ、事故にでも会ってないかってそれが心配でな。でも無事で良かった。いいクライアントができたんだから、これからも頑張れよ！」

マサト先輩の様子から、特に迷惑もかけていなかったようで安心した。

「ありがとうございます」

そう言いながら、僕はサナエ先輩を捜した。サナエ先輩は自分のデスクの整理をしていた。チラッとこちらに視線を向けた瞬間、僕は、頭が痛くて大変だったけれど親指をグッと立てて見せた。

そして頑張って、できるだけ男前にニカッと笑ってみせた。サナエ先輩は微笑むような表情を一瞬だけ見せて、僕から目をそらした。

その日の帰り、僕はいつものように電車に揺られていた。

目の前の七人掛けシートは満席だ。僕から一番遠いおじさんはゆったりとタブレットをいじっている。ニュースでも読んでいるのだろう。その隣りの若者二人組は、耳にイヤホンを差し込んでゲームに夢中だ。お隣には、のんびりとスマホの画面をスクロールしているおばさんがいる。そのまた隣りでは、若い女の子が凄いスピードでスマホに何かを打ち込んでいる。ＳＮＳかなと、僕は漠然と思った。目の前の若いサラリーマン二人は、難しい顔をしてスマホの画面とにらめっこをしている。

七人の中の誰も現実を見ていない……。僕は改めて車内を見回した。

今、この瞬間、電車の中に乗り合わせている人のほとんどが現実の中にいない。僕がメリメリと自分の皮を破り捨てて、中から出てきたヌメヌメの新しい自分が、何食わぬ顔でこの場所に立ち続けていても、きっと誰も気付かない。

いつから、日本は仮想空間になったのだろう。

僕は電車に揺られながら、エムと出会ってからの数ヶ月間を思い出していた。仕事が劇的にうまくいくようになった。僕の何が変わったんだろう。エムには色々なことを教わった。しかし、考えてみると新しい特技を身につけたわけではなく、特に難しいことを自分に課したわけでもない。予測の裏切りと共感しかり、リンクやイメージしかり、これまでなんとなくやっていたことを言葉にしてあえてプラスαしてきただけだ。そもそも、人生に必殺技はないのだ。一生に一度あるかないかの必殺技を探して、人はどれだけの時間を無駄にしているのだろう。

僕は、出会ってすぐのころのエムの教えを思い出してみた。
一、何もしなければ何も変わらない。
一、何かをしなければならない。
一、できることをやるしかない。
この正解は幼いころからずっと変わらず、まるで青い鳥のように僕の目にあったのだ。この青い鳥に気付かず、僕はあっちこっちをウロウロと旅していた。そんな当たり前にたどり着かせてくれたのがエムだった。

「誰もが当たり前にやっている〝笑いの働きかけ〟を、言葉にしてあえてプラスαするだけでいいんだ」

エムの言葉が蘇る。

「とにかく、相手の感情にプラスの変化を与えるんだよ」

今思い起こしてもこれは名言だ。凄いビジネスマンになれる凄い方法が見つかったとしても、そもそも凄いことはできないのだ。凄いことができるなら、すでに凄いビジネスマンなのだ。今できることは、今の自分にプラスα、当たり前の積み重ねでしかない。

〝当たり前のことを当たり前に積み重ねる〟

この当たり前のフレーズを、いかに自分自身の行動に落とし込むことができるか。それが勝負なんだろうと僕は思う。でも誰もが何百回と耳にしてきている〝当たり前を積み重ねること〟がなぜ難しく、永遠の命題として存在するのか。それは、積み重ねるべき当たり前は〝やっていない当たり前〟を指しているからだと僕は気付いた。やっている当たり前は言われなくてもできる。でも、やっていない当たり前は言葉にすること自体が難しい。だからやると決められず、行動に落ちない。だから変わらない。ではやっていない当たり前ってなんだろう？　僕はエムと出会ってから、自分や周囲の人を観察した。そして「ある人との間では、自分が当たり前にできているのに、他の人との間ではできていないこと」「あの人が当たり前にやっているのに、自分がやっていないこと」「昔は当たり前にできていたのに、いつの間にかできなくなっていること」、そんなこんなをやっていない当たり前としてひとつひとつ言葉にして、笑いのロジックをバックボーンに、無理せずプラスαしてきた。ディス・イズ・ザ〝やっていない当たり前の法則〟だ。

僕は脱ぎ捨てた自分の古い皮を小さく畳んでカバンの中に入れた。捨ててもいいし、いつかは捨ててしまうに決まっている抜け殻だ。でも、今の僕にとってはまだ捨てることのできない記念品でもある。ヌメヌメの身体が少し乾いてきた。脱皮したら景色が変わるかと期待したが変わらない。窓に映る僕はいつもの僕だ。予想通り、僕が脱皮したことには誰も気付かない。窓の外では、いつものようにいつもの家々が、いつもの灯りを温かく包んで流れ去る。いつのまにか胸の中心に熱い塊がある。僕の真ん中で、何かが臨界を超えたようだ。僕のメイン電源の中で核融合が始まった。膨大なエネルギーが充満した。僕はつり革を握りしめる手に、ギュッと力を込めた。

その三日後、僕はコバゾーさんと並んで蕾に座っていた。エムと会えなくなって一カ月以上が経とうとしていた。この日、蕾を訪れるとのれんの色が真っ白から真っ赤に変わっていた。突然のことに驚いていると、「私のテーマカラーが赤なのよ」とママは涼しい顔で言う。僕はエムの真っ赤なTシャツを思い出した。なんだかエムが懐かしくてサンマを注文した。ママの「あいよぉ〜！　今から釣ってくるよ！」というジョークを聞き流していると、コバゾーさんが突然思い出したように言った。

「そう言えば、この前、そこのナマズの駅で事故があったんだってねぇ」

「そうなんですか」

軽く聞き流す僕にコバゾーさんは続ける。

「知り合いの職人に聞いたんだけどさ、人が線路に落ちたんだって」

「えぇ……」

事故や病気の話は楽しいものではない。しかも自分が住む町の、いつも利用しているいつもの駅だ。僕は眉をひそめる。

「知りませんでしたよ」

そう答えた僕にコバゾーさんは教えてくれた。

「酔っ払ってフラフラ歩いていた男性が線路に落ちそうになったのを助けようとして、自分が線路に落ちたらしいよ」

へぇ……、と口に出しながら、僕の中で小さな胸騒ぎがした。

「その人、小太りで色白の中年のおじさんで」

コバゾーさんは続ける。胸騒ぎが次第に大きくなる。

「真っ赤なTシャツ着てたって……」

「ちょっと！　やめてもらえますか！」

思わず大声が出てしまった。一瞬ストップしたコバゾーさんが、言い訳するように言葉を続ける。

「いやいや、赤いTシャツってだけじゃ誰だかわからないからね」

僕の後頭部でキーンという音がした。呼吸ができなくなった。ウソだろ……。肺の中にわずかに残っている空気を絞り出して僕は尋ねた。

「それって、いつの話ですか？」

「三日前の夜だって言ってた……」

僕の右腕には、誰かに強く掴まれたような記憶が残っていた。


ウソだろ……。後頭部で鳴っているキーンという音が徐々に大きくなる。息が荒くなる。心臓がドキドキする。駅の喧噪。近いのに遠くで聞こえるくぐもった会話。騒音。ぶつかる肩。駅のアナウンス。大きくなったり小さくなったり。揺れる景色。前のめり。ぼやける。地面が近づく。身体の制御が利かない。まぶたが落ちる。後ろに数歩。月が揺れる。吐きそうだ。まぶたを持ち上げる。止まっていられない。カバンが重い。アブナイ！　なにが？　オレ？　倒れる？　地面はどこ？　誰かの腕。小太りのおじさん。痛い。ちょっと。エム？　エム？　エムなのか？　どこへ？　そっち？　痛いよ。赤いTシャツ。起き上がりたくない。悲鳴。悲鳴。悲鳴。


僕は大きく首を左右に振った。僕の頭の周辺にまとわりついている、妄想だか現実だか分からないのような記憶のかけらを振り回して、できるだけ遠くまで飛ばしてしまいたかった。改めて右腕に感覚を向けると、やはり誰かに強く掴まれたような記憶が残っている。

そもそも僕たちは、ナマズの町の端っこを流れる川の近くの蕾という居酒屋で、人生の糸をたまたま一瞬交差させただけの間柄なのだ。エムだってコバゾーさんだって、本当の名前も住所も家族構成も知らない。今どこで何をしているのか確認のしようもない。

そんなわけがない！　そんなわけがない！　僕は何度も強く思ってから、右腕の記憶を消すかのように、自分の左手で右腕を強く握りしめた。

その後しばらく、僕とコバゾーさんは何も喋らなかった。数分後、焼き上がったサンマが出てきた。僕は骨格標本のようにピカピカになるまでガムシャラに食べた。サンマを食べている間も僕たちはひと言も喋らなかった。内臓も食べた。あまりの苦さに、食べている間中ずっと涙が出た。

「しかし、あんたいつもサンマきれいに食べるねぇ～」

コバゾーさんがしみじみと言った。

11 ― オルゴール

「社長……、社長……」

秘書が呼ぶ声が聞こえた。

「到着しました」

「ありがとう」

そう心を込めて言ってから、僕は自分の手でドアを開けて外に出た。あの日のエムのように手足をウーンと伸ばした。気持ち良かった。空気が懐かしかった。

あれから十九年。あの日以来、エムに会うことはなかった。今思えば、エムが実在したのかどうかも僕には分からなくなっている。記憶は簡単にねつ造され、強化される。記憶のねつ造に大きなマシンが必要なのは映画の中だけで、実は簡単なことだそうだ。

熱気球に乗ったことのない人を集めた過誤記憶の実験がある。家族の協力を得て、子ども時代のイベントの写真を数枚用意する。その中に熱気球に乗っている合成写真を混ぜて見せ、それぞれの写真の思い出について語ってもらうのだ。すぐに思い出せないものは二〜三分の考える時間を与える。数日おきに三度も繰り返すと、被験者の半数が気球に乗った思い出をイキイキと語り出すようになるという。

このままではダメだと思う僕の無意識が、僕の心が求める何かを形にしたのがエムだったのかもしれない。エムは実際にいたし今もどこかで昭和のボケを連呼しているのかもしれない。もしかすると、あの夜、僕を守って本当に線路に落ちたのかもしれない。蕾にはもう十何年も行っていない。今もあるのかどうかもわからない。コバゾーさんの消息も知らない。ナマズの町の記憶、蕾での出来事、いや蕾という居酒屋や、あのナマズのモニュメントのある町の存在自体が、記憶のねつ造だったのかもしれないとも思えてくる。

「では、私たちはこの駐車場で待っておりますので」

そう言う秘書に、「わかった」とだけ軽く返す。

「今日は遅くなるからと、サナエに連絡入れてもらっていいかな」

「分かりました。奥様に連絡しておきます」

そう言ってすぐに携帯電話を取り出そうする秘書に、僕は続けて言う。

「実はさ、トップスターズ、古い知り合いなんだ」

「マジ！　ホントっすか！」

気軽に伝えたつもりだったが、予想以上のリアクションに僕は驚いた。突然のタメグチだ。しかもあまりの食いつき具合に僕は苦笑いしながら続ける。若いって素敵だ。

「今年の会社の忘年会の余興に来てもらえるように交渉してみるよ」

「マジっすか。それで時々ラジオを聴いていたんですね。凄いじゃないですか！」

「いやいや」

「僕アユちゃん好きなんですよ。どこで知り合ったんですか？」

　珍しく秘書はひとり興奮している。

「昔の知り合いなんだ。話せば長くなるからまたの機会に教えてあげるよ」

「いやぁ～、楽しみにしています」

　本当に嬉しそうにそう言う秘書を見て、僕は芸能人って凄い仕事だと思った。

　そしてこの後のことを考えて、天を仰いで大きくひとつ深呼吸をした。気分が引き締まった。そんな僕の表情を見て、秘書は落ち着きを取り戻した。そして申し訳なさそうに念を押した。

「この後、神楽坂でシブカワ専務との会食のため、一時間ほどでお戻りいただくということですが……」

　僕は口角に力を入れた表情を作ってから無言で頷いた。そして「じゃ」とだけ軽く口にして背中を向けて歩き出した。

「本当によろしいでしょうか」

　確認する秘書を振り返らず、僕は軽く右手を挙げて数回ヒラヒラさせた。そして黒いネクタイを黒いスーツのポケットから取り出した。歩きながらゆっくりと雑に締めた。秘書の視線を少しだけ背中に感じながら僕は歩いた。しばらくして、真っ赤な郵便ポストが立っている小さな交差点にたどり着いた。目の前の信号は赤だった。交通量はほとんどない。僕は左右をサッと確認してから小走りで渡った。そして目的地に向かって左に折れた。少し遅れて、真っ赤な車が僕をゆっくりと追い抜いていった。

目の前のセレモニーホールでは、母が僕を待っている。十九年ぶりの再会だ。まさかこんな形になってしまうとは思ってもいなかった。

今思えば、どうしてここまで意地を張ったのかと自分で後悔する。

「俺、東京で仕事をメチャクチャ頑張ってるんだよ。来年の正月は帰ろうかな」

何度もそう電話しようと思った年末。父の顔が浮かんで電話できなかった。父の顔は見たくもなかった。母の顔を見ながら話したいことは山ほどあった。母ならきっと、仕事を頑張っている僕を喜んでくれたと思う。なにより、言葉すら交わせない再会が十九年後に待っているなら、二度と帰らない覚悟で上京した日、せめて一度だけでも振り向いて母の顔を見ておけば良かった。一度くらい父親に隠れて帰省すれば良かった。僕はそう思った。

結婚が決まった時も、「私、バツイチだからいいよ」というサナエ先輩と、両親と断絶中の僕の意見は見事に一致して、結婚式も披露宴も挙げることはなかった。会社の仲間でちょっとしたパーティーだけを開催した。でも、せめて母にだけは、紹介するために帰省するべきだった。

ホールに入ると、独特の雰囲気にこめかみがジーンと痺れるような感覚になった。人は広さと静けさに畏怖を感じるものだと僕は思った。奥の真っ正面、最も目立つ場所に祭壇があった。薄いブルーのグラデーションをバックに白木の祭壇。両サイドにはきれいに生けられた供花。その中央で、母さんが笑っている。僕の知っている昔のままの母さんだ。お葬式には何度も参列したことがあるが、薄いブルーのグラデーションが、僕にはこの時初めて空に見えた。一生に一度しかないくらいの、果てしなくどこまでも続く雲一つない文句なしの快晴だ。

祭壇の前に置かれた棺の傍らに女性が一人いた。他に人はいないようだ。その女性は、僕の気配に気付いて振り返った。そして僕が僕であることを確認してから言った。

「バカじゃないの？」

それが妹のエミだとすぐに分かった。エミに会うのは転勤が決まって実家を出て以来だ。

僕は少し離れたところから棺を見つめたまま何も言わなかった。

「社長だかなんだか知らないけど、偉いの？」

エミは続けて言う。

「お母さん、どれだけ心配してたと思う？」

僕は何も言わなかった。

「お母さん、お兄ちゃんから電話が鳴るの、二十年間ずっと待ってたんだよ。その気持ち分かる？」

「……」

「私、何度も言ったんだよ。自分から掛ければいいじゃん、なんなら私が掛けてあげるよ、ってね。でも、お兄ちゃんにはお兄ちゃんの考えがあるんだからって。それを大事にしてあげてって。いつか必ず氷は溶けるから、その日を待つんだって、そう言ってたのよ」

僕の胸の中には言いたいことが大きな塊であった。言葉になって口から外に出ようとするが、ノドが狭過ぎて声になって外に出ることができない。

エミの声が聞こえたのか、父が奥から出てきた。そして僕を見た途端、息を飲んで固まった。二十年という長い歳月が僕と父との間で一瞬の間に流れて去って今になった。そして固まった時間がゆっくりと動き出す。今度は別の大きな塊が僕の胸の中に生まれた。僕はまた沈黙するしかなかった。息苦しくなった。

「……今さらなんだ？」

父は絞り出すような声でそう言った。そして続けた。

「帰れ馬鹿野郎」

「ちょっと、お父さん、やめてよ……」

そうエミがたしなめるが、父は踵を返して奥へと消えた。ある意味、顔を合わすことに怯えていた自分が拍子抜けするくらいに、父からは迫力というものがなくなっていた。

父の姿が見えなくなってからエミは言った。

「で、何か言うことはないの？」

僕はエミのシワを眺めて言った。

「良い年月を重ねることができたみたいで良かった」

「なにそれ？　もういいよ」

エミは気が抜けたように少しだけ笑った。そして棺に向き直った。

「眠ってるみたいだよ」


母の訃報をくれたのはエミだ。

実家の電話番号から着信があったのは昨夜のことだった。電話の主は静かな声で言った。

「良かった……、もうこの電話、繋がらないかと思ってたよ」

二十年ぶりの実家からの電話だ。僕は声の主は母かと思った。

「母さん？　どうかした？」

二十年ぶりに話す親に「どうかした？」はないと思いながら、僕は努めて冷静に応答した。しかし電話の主は、さざ波一つない湖面のような静けさをたたえた声で、自分は母ではなく妹のエミだと告げた。そしてその母が今さっき亡くなったと教えてくれた。僕の呼吸が一瞬止まった……。地球上のすべての音が消えた。

「お母さん調子悪いみたいだからとりあえず病院連れて行ったの」

「いつものことだから、大丈夫だと思ってたの」

「でも、そのまま入院して、すぐに意識不明になったの」

僕はただただ妹のエミが話す言葉を聞いていた。

「さっき、息が止まったの……」

「息が止まる前と後で、何も変わらないの」

「でもお医者さんはご臨終だって言うの」

「なんとかならないのかな？　まだ温かいんだよ」

まさかの急逝だった。死因は多臓器不全だった。エミが言うように、生と死の間に境界なんてないのかもしれない。

「仕事があるからお通夜には出られないけど……」

そう言うとエミは絶句した。

「でも、明日は帰るから」

そう続ける僕にエミは「当たり前じゃない」とだけ言った。

そしてお互いの二十年間を数分で語り合った。

人と土地との間には目に見えない糸のようなものがあると思う。糸の切れた凧のように飛び回る僕のような人間もいれば、エミのように土地と太い糸で強く結ばれた人間もいる。エミは地元の高校と短大を卒業してから、地元の企業で働いているのだと言った。

僕は、会社の同僚の女性と結婚して幸せにやっていると伝えた。

「どんな人？」

エミが尋ねた。

「素敵な人だよ。また紹介するよ」

「遅いよ」

僕は百点満点のツッコミだと思った。でも少しだけ悲しい気分になった。

「転勤した当初は苦労したけれど、今は社長として頑張っているんだ」

仕事について話す僕に、エミは「知ってるよ」とあっさり答えた。

「え？」

「母さんと二人して、インターネットで時々チェックしていたのよ」

「あぁ……」

僕の中で色んなことが腑に落ちた。何の気なしに週に一回程度、仕事のことを中心にSNSにアップしていたのだ。隠すようなことでもないし守秘義務があるようなことはアップしないので、特に閲覧制限を設けていなかった。だから友達になっていなくてもその気になればこっそりと細い糸で繋がることができるのだ。母さんは、ずっとそばにいてくれたのだ。こちらからは見えない薄いマジックミラーの向こう側に……。

「お父さんはお兄ちゃん名前が出るだけで不機嫌になるのよ」

「母さんはずっとお兄ちゃんのことを心配していたんだよ」

　エミは何度もそういうニュアンスのことを口にしていた。そして僕たちは翌日の再会を約束して電話を切った。

「父さんのご希望通り、一時間もしたら帰るから」

　そう言いながら母の安らかな顔と対面して僕は手を合わせた。エミは「やっぱそうなんだ……」と寂しそうに言った。申し訳なかったが、親の死に目に会えないのも、お通夜やお葬式に出席できないのも、上京した日から織り込み済みだった。勘当同然で家を出て、仕事最優先でここまできたのだ。色んな人に無理を言って、今ここで手を合わせることができているだけで幸せだった。今夜のシブカワさんとの接待の予定を変えるつもりもなかった。それに今さら父と話すこともない。そんな僕の考えとは別に、エミは続ける。

「お母さん、お兄ちゃんといっぱい話をしたかったんだと思うよ」

「……」

　そう改めて言われて、僕には返す言葉がなかった。でも涙はこぼれない。

「だって、お兄ちゃんが出て行ってしばらくしてから、お母さん、ビジネス書を読むようになってたんだからね」

　僕は黙って、母の顔を見つめた。

「お母さん、ＳＮＳで辛そうなお兄ちゃんを見て、自分が勉強して少しでも力になれたらと思ってたんだよ」

「……」

「帰ってすらこなかったのにね」

「……」

「ホント、ビックリするよ。あのお母さんがビジネス書だからね。普通のビジネス書はきっと読んでるはずだからって、変わったのばかり選んでたけどね」

そう言って悲しそうに笑うエミ。面と向かって次々と投げ込まれるど真ん中の直球に、僕は上手く反応できない。

「ホントに？」

「また、その口癖」

黙る僕にエミは続ける。

「そう言うと思って、お母さんの部屋の本棚の写真撮ってきたよ」

そして、携帯を操作して「メアド変わってないよね？」と確認しながら写真を送信する。

「疑ってるわけじゃないし、いいよ」

そう言った僕の携帯がブルブルと震える。

「そう言わずに、お母さんが読んでた本、見てよ。ちょっと面白いから」

そう答えるエミだが、特に慌てて確認する必要もない。僕はもうしばらくこのまま母の顔を眺めていたかった。時間が限られているのだ。

人生を振り返ると、僕は何人もの知り合いをこうして送ってきた。でも、逝く人の顔をこんなにゆっくりと眺めたことはなかった。血の気の全くない白さは、ある意味美しい。人は真っ赤な顔でギャーギャー大騒ぎしながら生まれてきて、真っ白な顔で静かにこの世を去るんだと思った。眺めれば眺めるだけ、確かに母さんは眠っているようだった。アクビでもしながらムックリと起きそうな気もする。でも、魂が肉体からいなくなるだけで何かが違う。本当に上手く言えないけれど、母の亡骸は、放課後の学校のような寂しさをたたえている。

　人が亡くなる瞬間の体重変化を調べた古い研究がある。末期患者が亡くなる瞬間の体重変化をある科学者が計測して出した結論は、二十一グラム。学問的にはかなり怪しいようだが、この二十一グラムが魂の重さだと言われて、へぇ〜と感心したものだ。でもエミに言わせると、「いつ亡くなったかなんて線を引けないから無意味よ」ということになるのかもしれない。そもそも二十一グラムって、軽過ぎる。お塩が大さじ一杯よりちょっと多いくらいだ。地球より重いものが地球にあるのはおかしいけれど、魂の重さなんて測れない、地球より重い、これでいいのだと僕は思う。

　エミも僕と同じように母さんの顔を眺めている。僕よりももっと歴史が詰まっているんだろうと思った。ふとエミが手にしている手提げカバンが気になった。黒いバッグではなく、木綿製のチェックの手提げカバンだ。明らかに喪服とは違和感がある。

「何持ってるの、それ?」

　尋ねた僕にエミは答える。

「そうそう、これだよこれ。今朝お父さんの喪服を出そうと思ってタンスを探していると、オルゴールが出てきたんだ」

「オルゴール!」

　予想外の単語に、僕の口から思わず想像以上に大きな声が出てしまった。父とオルゴールとはどう考えても結びつかない。

「そう、会津漆器の宝石箱。本当に綺麗なオルゴールだよ」

　その言葉を聞いて、僕はピンときた。母は会津出身なのだ。

「だから私もこれはお母さんのに間違いないと思ったんだけど、中を開けてビックリ。何が出てきたと思う？」

「なんだろう……宝石？」

あやふやに答える僕にエミは教えてくれた。

「手紙だよ」

「手紙？　母さんから父さんへのラブレター？」

「……違うわよ。そうではなく、封筒の宛名はお兄ちゃんで、日付は十九年前」

「僕に？　母さんが？　十九年前？」

驚いた。十九年前ということは、二度と戻らないつもりで実家を出たその一年後、エムと出会った頃だ。

「なんでそんな手紙がお父さんの部屋に隠すようにあったんだろうって、私、お父さんを問い詰めたの」

確かに不自然だと僕も思った。

「そしたらね、お父さん、十九年前にお母さんの部屋でお兄ちゃん宛ての投函寸前の小包を見つけたらしいの」

エミはそう言いながら棺にチラッと視線を送った。

「勘当した息子に何か送るなんてけしからん！　一人で勝手に生きていけばいいんだ。なんだこれは！　って、すぐにお母さんを呼びつけて、小包を開けるとオルゴールが出てきたらしいの。お母さんはオルゴールを送ろうと思っただけだと言い張ったんだけど、中に手紙が入っていることがバレて、あんな息子と連絡を取ることは相成らんと没収してそのままになってたんだって」

強権的というか、暴力的というか、父ならやりかねないことだと思った。戦時中でもあるまいし、公安かよ、検閲してどうするんだよと僕は思った。

「で、手紙の内容が気になって尋ねたのよ。そしたら何だったと思う?」

「さぁ、なんだろう……」

そう口にしながら、少し胸がドキドキした。

「お父さんね、何が書いてあるか分からなかったって言うの」

僕は少しズッコケた。

「ズッコケるよねぇ。意味が分からないって意味が分からないよね。英語だったのと訊いても日本語だって言うし、ホント、どうかと思うわ」

そう言いながら、エミは手提げカバンに手を入れてオルゴールを取り出した。

「だから、このオルゴールはお兄ちゃんが持っていて。手紙は下の段の引き出しね。もちろん手紙の中身は読んでいないから」

そう言って差し出されたオルゴールは、会津漆器の二段重ねの宝石箱だった。貝殻を使った蒔絵で、黒塗りをバックにシンプルな秋草が描かれている。黒が深い。静かで美しい。見とれている僕にエミが言う。

「お母さん、会津出身だからね。でも、会津の蒔絵って、本当にキレイだよね」

僕は受け取った。ズッシリと重かった。何気なく上蓋を開いた。宝石を収納する真っ赤な絨毯が目に飛び込んで来た。下半分はネックレス用の横長スペースで、上半分は三つの小部屋に分かれている。真ん中には指輪を差し込んで収納する、座布団に切れ目が入ったようなスペース。その左右には蓋付きの小部屋。左右の小部屋の蓋を開くと、色違いの小さな人形が一つずつ入っていた。白い紙粘土を円錐形に近い形に成形したものに、筆で顔を描いただけの簡単な作りだ。全長二センチほどで手足はない。例えて言うなら、落ちてくる雨の雫の上半分を指で押したような、ちょうど親指の第一関節から先のような、とにかく下膨れの形をしている。赤と青の服をペイントされた色違いのその人形は、蓋を開けると同時に、クリンと起き上がった。その様子を見てエミが言う。

「会津の民芸品の起き上がり小法師だね」

そう言えば、福島県に出張したとき、駅のお土産物屋さんで見た記憶がある。赤べコばかりに目が行って、買おうという気にはまったくならなかった。カゴに大量にザラザラと入っていたのが印象的だ。

「倒しても倒しても起き上がるオモチャは、ダルマさんでなければ起き上がり小法師だからね。色んなキャラクターや赤ちゃんの形の起き上がり小法師があるけど、これがやっぱ一番だわ……、そう思う私にはやっぱ会津の血が流れてるんだよね」

エミは、そう言いながら何度も青い起き上がり小法師を突ついて起き上がらせる。

「でも、シンプルだよね、この人形」

エミにそう言われて、まじまじ見ると確かにシンプルだ。

「これって七転び八起きで、会津では縁起物でお守りだからね」

起き上がり小法師を見かけた駅のお土産さんで、確かにそんな解説を読んだ記憶がある。

「家族の人数より一つ多く買って、神棚とかに飾っておくらしいよ。災厄が降り掛かろうとしたら身代わりになってくれるらしいんだ。お兄ちゃんは、一人暮らしだったから二個なんだね。お母さん、手紙と一緒にお守りのつもりで送ろうと思ったけど、お父さんに見つかってやめたんじゃない」

そう言いながら母の棺にそっと触れるエミ。僕はエムと出会った頃を思い出していた。

（あの頃は、何をやっても上手くいかなかった……）

父さんにオルゴールを没収された後しばらくしてから、きっと母さんは僕の仕事が上手くいき始めたことをSNSで知ったのだ。そして、ただ見守ることにしたんだろうと思った。だから起き上がり小法師とオルゴールは、お蔵入りして父さんのタンスの中に眠ることになったのだ。そう思うだけで、起き上がり小法師は時間を超えて現れた、母の想いの詰まった愛おしい存在に思えた。

エミを真似て、僕も指でそっと押してみた。クリーン、クリン、クリッと起き上がり小法師は起き上がりながら、僕の方に顔を向けてピタッと止まった。その瞬間、起き上がり小法師がニヤッと笑った。いや笑ったように見えた。いや笑ったのだ。

（エッ……？）

僕は息を飲んだ……。驚いて起き上がり小法師を凝視する僕。でも起き上がり小法師の表情は動かない。ウソだろ、笑えよ。今笑ったじゃん……。

（なんだったんだ？）

そう思いながら、僕の心はフワフワと落ち着かない。さっきからずっと起き上がり小法師に見つめられているような気がする。懐かしさが胸の下の方、みぞおちのあたりからこみ上げて来る。改めて見ると、大きな段ボールの上に小さな段ボールを重ねたような形に色白の肌。筆でサッと描いただけの前髪。真っ赤にベタッと塗られた服。筆でチョチョッと描かれた目鼻口。それよりなにより、上半身に比べて下半身がかなり大きい……。

（おいおい……）

今にも起き上がり小法師が僕に話しかけて来そうな気がする。僕の中でひとつの仮説が大きくなる。

「いやいや、そんなことあるわけない……」

僕は小さな声で呟いて、軽く頭を左右に振った。

「そうだ、少し落ち着こう……」

エミは不思議そうに、一人でぶつくさ言ってる僕を見つめる。

「大丈夫？　疲れてるの？」

「昔の知り合いが、ちょっと似ててね」

そう言った僕にエミは目を見開いて答える。

「昔の知り合いが似てるって、この起き上がり小法師に？」

「そう」

「ウソでしょ。こんな人いるの？」

「まぁ……」

「これに似てるってかなり不細工な知り合いだよね」

その言葉に青い方の起き上がり小法師がピクッと震える。

「そうそう、そっちはスーツでキメてる方だからね。不細工ではないと思うよ」

ひとり言を口にする僕の顔を覗き込むエミ。

「大丈夫？」

そして今度は赤い起き上がり小法師を指で突く。クリーン、クリン、クリッ！　と起き上がる。

そして今度は僕に背中を向けてピタッと止まった。またこっちを向いて止まると僕はどこかで期待していた。そんな期待が裏切られて僕は少し苦笑いした。

「何がおかしいの？」

変に答えるとエミに心配されそうだったので、僕は答えなかった。そして思った。

(イカサマのサイコロでもない限り、いつも同じ方を向くワケがないか……)

僕の心が少し落ち着いて、現実に戻ってきた。目の前にあるのは、母さんが想いを込めて僕に送ろうとしてくれた会津漆器の宝石箱のオルゴールと起き上がり小法師が二つ。それ以上でもそれ以下でもない。僕は改めてオルゴールを眺めて考えた。

(もし、十九年前にこのオルゴールを受け取っていたら……)

人生にたらればがないことは百も承知だ。でも、僕の中でわき起こってきたこの想いは止まらない。

(僕の人生は変わっていたんだろうか……)

答えが出るワケもない考えが、僕の頭の中をループする。

(もし、父さんが小包を見つけていなかったら……)

(もし、母さんがもう一度送ってくれていたら……)

(僕は、今ここにこうして立っているんだろうか……)

答えは絶対に出ない。終わらない思考を終わらせるために、僕は天井を見上げた。そしてフーッと細く長く息を吐き出した。目を閉じた。僕の気持ちが少し切り替わった。

僕はこのオルゴールが奏でる音楽を聴きたくなった。

箱の裏底に手をやると、T字のネジがあった。一周、カリカリカリと回した。

(どんな曲を奏でてくれるんだろう?)

そう思った。途中で曲が止まらないように、ネジをもう一周巻こうと思った。ネジを巻く手を持ち替えたその瞬間、バランスが崩れてオルゴールが傾いた。赤い方の起き上がり小法師が転がった。

エミが「あっ！」と手を出したが間に合わない。両手が塞がっている僕は見ていることしかできない。エミの手のひらをすりぬけて、起き上がり小法師は宙に舞った。その瞬間、僕の右腕に突然痛みが走った。起き上がり小法師は床で小さく一度跳ねた。そして、割れた。

「あんた、立派になったなぁ」

耳元でエムの声がクリアに聞こえた。

（え……？）

僕は声にならない声を出した。僕の視線の全てが割れた起き上がり小法師に吸い込まれるように集中した。僕は息をするのを忘れていた。僕は右腕を押さえながら愕然としていた。誰かに突然強い力で掴まれたような痛み。ずっと長い間忘れていた、あのときのあの痛みだった。

（この痛みは……）

割れた起き上がり小法師を凝視する僕の唇が震えた。

僕の中で何かが言葉にならないままどんどんと大きくなった。それは僕の身体を越えてどんどんと膨らんでいく。すぐにセレモニーホールいっぱいにまで膨らんだ。まだまだどんどんと大きくなる。狭い！　狭い！　僕はセレモニーホールの高い天井を突き破った。僕はムクムクと大きくなる。実際の僕を下に見下ろす。建物の高さを超える。ビルの屋上が目線の下へと流れていく。地面ががどんどん遠くなる。建物が段ボール箱からマッチ箱へと変わっていく。雲を突き抜けた。空が近づいた。雨のない世界だ。遠くに海が見える。太陽の光で海がキラキラ輝いている。大きなオレンジロードだ。僕は大きく大きく息を吸い込んだ。そして静かに静かに吐き出した。小さな小さな僕が遥か下に見える。小さな小さなエミが、小さな小さな棺に手を触れている。米粒のように小さな小さな父さんが、奥の部屋で泣いているのが見える。

「赤い起き上がり小法師が、お兄ちゃんの身代わりになってくれたんだよ」


そんなエミの言葉を合図に、僕は一瞬で自分の身体に戻った。

その瞬間、オルゴールから音楽が流れてきた。僕の鼓膜を震わせる音の羅列が、ほんの数秒で旋律へと変化する。その瞬間、僕の後頭部から背骨にかけて大きな稲妻がドーン！　と貫いた。その衝撃に僕の心臓が暴れ出した。目に涙があふれた。

「なんだよ……、こんなことって……」

声を振り絞って呟く僕をエミが覗き込む。

「どうしたの？　この曲がどうかしたの？」

僕はうつむいたまま、割れた起き上がり小法師を見つめ続けるしかなかった。オルゴールから流れている曲は、なんと、あろうことか……、さだまさしの……、案山子だった。

「これって、なんていう曲だっけ？」

そう尋ねるエミに、僕はまた声を振り絞って答えた。

「……案山子……」

「そうそう。懐かしいね。お母さん、よくカラオケで歌ってたよ」

蕾で初めてエムに会った夜の喧嘩が昨日のことのように思い出された。「ちょきまっと！」あの時の大声に僕は本当にビックリしたのだ。片手にビールを持ったエム。その後ろでこの曲が流れていた。誰かがカラオケで歌っていたのだ。いや、誰が歌っていたっけ。本当にカラオケだったのか……。後にも先にも、この歌を蕾で誰かが歌うのを聞いたことがない。

（エム、あんた、会津の起き上がり小法師そっくりじゃないか……）

僕の両目にあふれた涙が、ポロポロと頬を伝い、こぼれ落ちた。

僕の中で仮説が確信に変わっていた。

「ちょきまっと……」

僕は思わず口にした。こぼれ落ちた涙が、割れた赤い起き上がり小法師の上で跳ねた。

「あんたの身代わりになれて良かったよ……」

エムの声が聞こえた。エミは言う。

「やっぱり、お兄ちゃん、キマ語知ってたんだ」

「え？　あぁ、太っちょの昔の知り合いに教わったんだよ」

「誰が太っちょだよ」

「懐かしいよ。私たちキマ語世代だからね」

エミは言う。

そうなんだ……。僕は無言の相づちをエミに送る。

「そう言えば、お母さんにも、キマ語教えてあげたことがあるよ。教えた後に、お兄ちゃんもキマ語知ってるかなって聞くもんだから、さぁどうか分からないって答えといたんだけど、知ってたんだね」

「あんた、あれから十九年間、頑張ったよなぁ……」

僕は、オルゴールの下の段の引き出しを開け、手紙を取り出した。父さんが開けたからだろう、封はすでに開いていた。そして中の手紙を取り出した。

「なんて書いてあるの？」

興味津々尋ねるエミ。僕は手紙に少しだけ目を通してから答えた。

「キマ語だよ」

エミは、あぁ、という顔になった。

「お兄ちゃんと連絡取るの、お父さんは本当に嫌がってたからね。見つかっても内容が分からないようにしてたんだよ、だから、お父さんは何を書いてあるかわからなかったんだ」

意味が分からないというのはこういうことだったのだ。

「でもさ、キマ語で書いてある手紙が見つかったら逆に怪しいよな」

涙声でそう言った僕にエミも涙声で答える。

「そうだよね……」

「これで本当にミッションコンプリートだよ。これからも元気で頑張って……」

そして僕たちは母さんらしいと泣きながら笑った。

「でもさ、僕がキマ語を知らなかったらどうしたんだろう？」

僕がそうひとり言のように呟くと、何を言ってるのとばかりにエミは言う。

「そしたら連絡がきっとあるだろうと思ってたんだよ」

なるほど……。確かにそうだ。唐突にキマ語の手紙が届いたら、意味を知りたくて思わず電話してしまったかもしれない。

「そしたら二十年も連絡を待たせなくて良かったんだよな……」

僕は思わずそう口にした。自分の口から思わず出た言葉を聞いて、一瞬だけ間をおいて、僕の目から涙があふれた。自分の言葉に自分の感情が信じられないくらいに動いた。あふれる涙は制御ができない。何度も何度も間欠泉のようにぶわっとあふれた。
「二十年……長いよなぁ……」
あふれる涙の間隙をぬって、僕はやっとの思いで言葉を伝える。
「当たり前じゃない……今さら何言ってんの……」
エミもあふれる涙を押さえもせずに答えた。
手紙の冒頭はこうだった。
「あきまなたがききまま語が分きまかればよきまいのだけれど」
エミのために、僕はキマを省いて声に出して読んでみた。
「お父さんには内緒でこの手紙を書いています。
仕事、大変でしょう。SNSを見て、なんとなく知っています。
お守りに、母さんの故郷の縁起物、起き上がり小法師を送ります。
起き上がり小法師には、あなたを守るように何度も言い聞かせておきました。笑
だからどこかに飾っておいてね。いつかきっとあなたを助けてくれると思います
それから、つらいことがあったら、いつでも帰ってきていいからね
お金が必要なら、いつでも言ってくれていいからね
付き合いもあるだろうけど、お酒の飲み過ぎには気をつけてね
健康にだけは気をつけてね
いつでも連絡待ってるからね。元気で頑張って」
僕は涙が止まらなかった……。

ふと思い出して、ポケットから携帯電話を取り出した。さっきエミが送ってくれた写真を開いた。初めて見る黒っぽい小さな木製の本棚。僕が東京に行ってから買ったんだろうと思った。二段重ねで、一段には二十冊ほどの本が並んでいる。

僕は写真を指で拡大して、タイトルを目で追った。

営業トーク、雑談、話し方といったコミュニケーション系のタイトルが多数並んでいる。その中でも『笑いで周囲を応援団にするコミュニケーション術』『リーダーのための笑いのすすめ』『芸人として学んだビジネスコミュニケーション』といったタイトルに僕の目は釘付けになった。そして手足をバタバタさせながら話すエムの姿と重ね合わせた。僕はゆっくりと目を閉じた。鼻から大きく息を吸い込んだ。

さだまさしの案山子が、少しテンポを落としながらもまだ鳴り続けている。

サナギの中で幼虫が成虫になるかのように、蕾の中で花びらが製造されるかのように、僕の中でいろんなものが一瞬のうちにリストラクチャーされた。

大きく息を吸い込んだまま、僕は息を止めていた。

エムはエムであってエムではなかったのだ。確かにいたけれど実在しなかったのだ。エムはエムであり、誰かの想いであり、僕自身だったのだ。目の前にあるもの、起きていることは、その存在がすべてではないのだ。存在の向こうには、時間と空間を超えた連綿と繋がる意味が広がっている。赤い起き上がり小法師はやっと割れることができたのだ。僕の中の確信が、弱くて根性なしの僕に、今を変えよと命じている。

僕は、お通夜に出席しようと思った。そして二十年ぶりに父と話そうと思った。

今夜のスケジュール変更は心苦しかった。でも、シブカワさんならきっと許してくれるだろうと思った。秘書と運転手も、それにもちろんサナエも賛成してくれると思った。

涙をボロボロとこぼしながら奥の部屋に向かう僕に、エミは何も言わなかった。父の背中はこれでもかというくらいに小さくなっていた。小さくなったその背中を見ながら、僕はハッキリと思い出していた。幼い頃、毎晩のように僕の勉強を見ることが父の日課だった。とにかく厳しかった。殴られながら勉強させられた。思い出すのが嫌で、知らず知らずに封印していた記憶。その中に、僕は父の口癖を見つけた。

「それではここで問題です」

12 — エピローグ

小さな部屋の窓を開けた。

夏の音が聞こえた。

少し遅れて、夏の暑さと匂いが勢い良く吹き込んできた。

僕は、ここ数日の仕事のことをボーっと思い出していた。駅前にナマズのモニュメントがあるこの町に引っ越してきて一年。ここのところは何をやっても上手くいかない。とにかくツライ。それに、今日は本当に暑い。まったく、何もやる気がしないというのはこのことだ。

友人のセラピストが言っていた。

「線路に飛び込もうと思って、飛び込む人ってあまりいないんだよ」

「そうなの？」

不思議がる僕に、友人は教えてくれた。

「人間も生き物である以上どうしても死ぬ寸前でブレーキがかかるんだ。手首を切って自殺する人には〝ためらい傷〟が必ずあるものだし、車で突っ込んで自殺する際には、ぶつかる直前に〝ためらい痕〟と呼ばれるブレーキ痕が必ずあるんだ」

彼の言葉を借りると、人は最後の最後、必ず生きようとするのだそうだ。

「じゃどうして、電車の駅では人身事故が絶えないんだろう？」

「それは、吸い込まれるように線路に落ちるんだよ」

飛び込むのではなく落ちる……。わかるような気がする。

今日は仕事が休みで本当に良かった。僕は心からそう思った。本当にふら～っと線路に落ちてしまいそうなくらいに、心も身体も疲れていた。

ピンポーン！

ドアのチャイムが鳴った。来客なんてあるはずがない。どうせ、何かの営業だろうし、今は誰とも話したくない。本当に一歩も動きたくない。

（出ないでおこう……）

ピンポーン！

そもそも、住所を知っているのは田舎の母親くらいのものだ。

母親？　ふと思い直して僕は重い腰を上げた。静かに玄関まで歩いて行って、息を止めてこっそりと覗き穴をのぞく。見慣れた宅急便の配達だ。僕はゆっくりとドアを開けた。

「お届けものでーす」

そんな慣れた物言いの後、伝票が差し出された。無抵抗にサインをする僕。配達の人が立ち去る背中を見ることもせず、荷物の差出人欄を確認した。見慣れた実家の住所、見慣れた筆跡だった。後ろを振り返ることもなく故郷を後にした日のことを思い出した。名前の欄には、アルファベット一文字だけがあった。その一文字を見て、僕は母だろうと思った。包みを開けた。会津漆器のオルゴールだった。

オルゴールの中には、赤と青の起き上がり小法師が一つずつ入っていた。

完

巻末法則集28　～登場順～

◆単純接触の原理

個体間の親密さは、接触回数、接触頻度が多ければ多いほど増すという心理的効果のこと。良い関係を築きたい相手とは、接触回数を増やすべし。ただ、接触回数は十回がマックスだという説もあるので要注意。

◆共感の法則

誰もが思うことをあえて口にするだけで、コミュニケーションは円滑になるという法則。相手の趣味や年代等々にアンテナを張っておく必要がある。ツカミやツッコミの理屈として活用されるが、相手が思うよりも少し早くというスピード感が鉄則。

◆メラビアンの法則

コミュニケーションにおいて、言葉が果たす役割は七％に過ぎず、表情や言い方、顔色や声のトーンといった、感情が無意識に現れる部分から人は九十三％の情報を得ていると言う法則。数字に対する学術的なエビデンスは疑問だが、少ないことは間違いない。

◆期待の法則

相手の期待には応えなければならない。期待に応えることで感情にプラスの変化が生まれるという法則。応えられなければマイナスに振れてしまうので、期待を感じるアンテナは敏感にしておく必要がある。一方、予測は良い意味で少し裏切らなければならない。

◆緊張と緩和の法則

人が笑う理由は、緊張が緩和することにあるという法則。緊張というのはネガティブな感情全般で、緩和とは感情に対するプラスのベクトルのこと。感情にプラスの変化を与えると人は笑う。意図的に緊張から緩和に相手の感情を振ることで、思い通りに動かせる。

◆ツカミの法則

ツカミとは、いきなり笑わせることだと誤解することなかれ。共感の法則を活用して、相手の感情にプラスの変化を与えることだと考えれば取り組みやすくなる。天気の話題や時事ネタを遠慮せずに打つべし！打つべし！

◆予測の裏切りの法則

相手の頭の中を通り過ぎる予測を、良い意味で少し裏切ることで、相手の感情にプラスの変化が現れるという法則。お笑いのボケという働きかけがこれにあたる。極端に裏切ったり、悪い意味で裏切ってはならない。一方、期待は裏切らず踏襲しなければならない。

◆水平展開の法則

相手を落としてしまうような否定や指摘はコミュニケーションのベクトルを下向きにしてしまう。かといって黙っていても転がり落ちるだけ。そんなときは、水平に話題を展開することができれば、相手を落とさず、場を和ませることができるという法則。

◆誇張の法則

こちらが思うほど相手が意識していないことは多いものである。コミュニケーションのシーンでも、話し手が思うほど聴き手が気にしていないことは多い。わざとらしいくらい、誇張するくらいの方が、相手に伝わりやすくてちょうど良いという法則。

◆場づくりの法則

良い状態や理想の関係で交わされている言葉や行動や態度（プラスの行動）をあえてできるように工夫するだけで、一体感・集中力・能動性が醸成され、場が変わるという法則。場が行動を変え、行動が成果を変える。より良い成果を生み出せる集団が誕生する。

◆アドリブの法則

コミュニケーションはその場対応である。咄嗟にどんな対応ができるかというアドリブ力も重要な能力のひとつ。ただそれは咄嗟の対応力を磨くのではなく、普段からシミュレーションして準備することを通じて磨かれるという、努力の方向性を示した法則。

◆無意識の法則

人間の行動のほとんどが無意識の行動である。ほとんど意識できない以上、意識しようと努力しても結果は出ない。唯一の方法が、理想の行動を無意識に刷り込んで良い当たり前を生み出すこと。無意識の行動を味方につけることで人生を好転させる法則。

◆黄金のクエスチョンの法則

理想の状態のときにやっていることは何か？　この質問に対する答えを、今すべきものとしてあえて工夫して行動に落とし込む。それだけで、周囲が自動的に理想の状態に向かうという法則。コーチングの考え方にも繋がる法則である。

◆人材育成の法則

できないことを探さずに、まずは行動に落ちていない当たり前のことをやると決めること。次に三週間継続することで新しい習慣をどんどんと生み出す。決めて続けることで良い当たり前が生まれる。この繰り返しの実感が、努力できる人材を育てるという法則。

◆進歩の実感の法則

急に変われない以上、人材育成のサイクルを回し続ける必要がある。その推進力となる『やった→できた』の繰り返しを生み出すために、進歩の実感を無理矢理にでも感じることのできる感性が必要であるという法則。管理職は与え上手であることが望ましい。

◆テンションの法則

プロとアマの最大の違いのひとつがテンションである。大きな声で想いっきり叫ぶような感情を小さな声で表現できるようになるとプロっぽくなる。テンションを声の大きさに関係なく表現できるようになると、芸人のような強いトークが可能になるという法則。

◆リンクの法則

関係のないもの同士が何かのキッカケでリンクすることで、人の感情にはプラスの変化が現れる。音によるリンク、視覚によるリンク、意味によるリンク、時間を超えたリンクの四種類をマスターできれば、意図的に笑いを生み出すこともできるという法則。

◆スペシャル感の法則

あなたは特別な存在だというサインをあえて送るだ

けで、感情にプラスの変化を与えることができるという法則。言葉にすると『あなただから』といった言葉になるが表現方法はそれぞれである。分かっていても喜ぶ。わざとらしいくらいでちょうど良い。

◆スピード感の法則

早ければ早いほどよいものはあまりない。スピード感は、相手の予測と密接に絡み付いている。待たせず、早いと思わせないテンポ感が相手を快適にする。対人関係全般において、相手が予測するスピード感よりも若干早いスピード感が最適であるという法則。

◆ストーリーの法則

相手の行動を促すためには、ストーリーを付加して情報を伝えることが最も効果的であるという法則。相手が共感できるような経験談とリンクさせることができれば、相手の感情に届きやすくなる。時事ネタ＋経験談→まとめて主題、のイメージで一分間スピーチを。

◆シンプルの法則

難しい言葉を使う芸もあるが、できるだけ平易な言葉を使って分かりやすく伝えた方が、相手は行動に落としやすいという法則。情報は難しい言葉でくくってしまわずに、なぜ？　なぜ？　だから？　だから？と噛み砕くことで始めて行動変容を促せる情報となる。

◆スマイルの法則

感情は鏡のように反射するものである。相手になってもらいたい感情には、まず自分がなること、また逆に自分がなりたい感情には相手になってもらえるように工夫することがポイントである。自らの感情をコントロールすることが重要であるという法則。

◆せっかくだからの法則

イヤなことをしなければならない時には『せっかく……するんだから』、ネガティブなことが起きた時には『せっかく……が起きたんだから』、そう口にするだけで思考が自動的にポジティブになり、知らず知らずのうちにできることを探すようになるという法則。

◆間の法則

間とは能動的な静止であり、余韻を残したり、予測させたり、整理させたり、創造させたり、直前の単語を強調したり、何かの前兆を演出することができるという六つの効用があるという法則。話そう話そうではなく、話さないことも意識するべし。

◆ニックネームの法則

促したい行動をイメージさせるようなニックネームをつけるだけで、相手の行動をこちらが望む方向に変えることができるという法則。ポジティブであって、本人が嫌がらず、みんなが口にしやすいようなものであればベストである。

◆ポジティブ発信の法則

同じことでも、ポジティブとネガティブ、二通りの発信が可能である。ポジティブな発信をチョイスすることを通じて、相手の無意識に力を加え、行動をポジティブな方向に向けるという法則。自らの発信を通じた、ピグマリオン効果の体現である。

◆ポジティブ変換の法則

相手からのネガティブな発信に対してポジティブに返すことで、コミュニケーションが劇的にプラスに転じるという法則。同調するのでも慰めるのでもなく、あえてほんの少しの良い側面を見つけて提示する。周囲の行動を無意識にポジティブに向けることができる。

◆やっていない当たり前の法則

当たり前を当たり前に積み重ねることで成果は必ず出る。この当たり前とは、やっていない当たり前を指しているという法則。良い関係が築けている人との間では自分が当たり前にしているのに、他ではできていない。そんな当たり前を言葉にすることが第一歩。

解説文

この度、弟子の夏川立也君が満を持して上梓した小説「笑いの科学株式会社」、この本のキャッチコピーが新入社員必携となっているが、その通りだ！　と確信した。

この春、社会人となる人にぜひ読んでいただきたい。どの部署に配属されようが、会社という組織の歯車として生きていく中で、「笑い」は忘れていただきたくない。

人生を楽しく送ろうじゃないか！　この本はそう訴えている気がする。

私もそう思う。

小説の中の「カワムラ」は私の本名である。ありがたいことに夏川君は気を遣って私を登場させて、日頃思っていることを表現してくれた。

夏川君と初めて会ったのは、ゆうに三十年以上も前になる。

私は落語に限らず、お笑いを目指す若者の少しでも役に立てたらと「維新塾」という私塾を始めた。師匠のいない漫才他、お笑いを目指す人たちのアドバイザーになれたらと思って募集したのだった。

（政治集団「維新の会」のずっと前、大阪には「維新の塾」というのがあったのです）

そこに、すでに漫才コンビを組んでいた相方と一緒に入ってきたのが夏川君だ。彼は当時、京都大学工学部の学生だった。

私はびっくりした。

恐れ多くも国立大学の学生に、関西の私学を中途退学した私が教えられるのかと……。しかし、そこは一枚も二枚も頭脳が上の夏川君だ。私を見下げるどころか「笑いの師匠」として敬ってくれた。

大学在学中にものにならなければ、彼はお笑い界から去ってゆくだろう。当時の私はそう思っていた。ところがあにはからんや、大学を卒業後も、漫才コンビを解消しても、私が忙しくて「維新塾」を解散しても、まだ残っていた。

あれから、色々経験した夏川君は講演などで引っ張りだこになった。

でも世間は彼のことをあまり知らない。

彼は頭がいいし、面白い。そんな彼の良さがもっと出て、テレビに出られるようになって欲しいと、切に願っていた。

コメンテーターにでもなったら、今テレビで適当なことを言ってお茶を濁しているコメンテーターなんかよりはるかに気の利いた発言をするだろうにと歯がゆかった。

そして今回の小説である。

私は何か賞にひっかかるような気がしてならない。

こんな面白いものを書ける男を、もっともっと知っていただきたい。小説が売れて人気になれば、夏川君が世に知られるという私の夢がやっと叶いそうな気がする。

夏川君はまだまだ秘めたるものを持っている超魅力的な男なのだ。

二〇一八年一月　六代　桂文枝

Bible of Comedians.

笑いの科学株式会社

発　行　　2018年8月20日　初版発行

著　者　　夏川立也（なつかわ・たつや）

装　丁　　黒野明子（crema design）

発行者　　丸山徳久

発行所　　アートダイジェスト

〒160-0004　東京都新宿区四谷4-29-9

TEL 03-5362-1525　FAX 03-5362-1526

印刷所　　昭和情報プロセス株式会社

ISBN978-4-86292-032-4 C2011